U0071525

成道的佛陀（印度菩提伽耶・摩訶菩提寺）

鹿野苑的佛陀（印度鹿野苑佛陀紀念堂）

出版緣起

　　由於宿緣，我對佛法禪觀有著自然而深刻的欣悅。而自幼以來為了尋求超越生死、離苦得樂的法門，也相應的依止佛法禪觀為解脫的寶筏。

　　佛陀依禪出教，以其內證的大覺，開示了法界的究竟實相。而他所宣說的文字般若，都是讓我們能夠現觀成就的指示。但佛陀的大覺，是經由自證而得，我們如果不能依佛陀成就的次第而得圓滿，只是數著佛陀的珍寶，畢竟無益。而佛陀的觀照般若，是由至深的禪觀修證而來。因此，個人依隨因緣，不揣淺陋，乃在佛前發願，希望將禪觀法門次第開出；上令諸佛歡喜，下令眾生得利，所以陸續的闡揚一系列的禪觀修證法門。

　　從1978年開始，隨因隨緣的教授禪法時，就一直感覺未能將佛法禪觀做較完整的整理，雖然也陸續開講了禪定學，但多年來一直未能進一步將禪觀實修的次第作有系統的講授，總覺遺憾。直到1994年，忽然清晰的體悟，開講完整禪觀的因緣已至，因此決定1995年起，開始宣說「圓頓禪人五年高階禪觀修證課程」，當時原本預計在五年當

中，每個月宣說一套完整的禪法，共計六十種禪觀三昧，每次兩天一夜的課程，講說與禪修並行；每次大約說法八小時，禪修六小時，共計十四小時，以期學人禪教一致，悟入實觀。到了1999年，高階禪觀的課程已連續講授五年，但是在講授的過程中，為求增補完備，因此直到2002年才講授圓滿。

從1995年至2002年，共計講授了近六十種三昧禪觀，包括了「根本禪法」、「大乘三昧」、「佛菩薩三昧」、「密教三摩地」及「佛果三昧」等五大類別，幾乎是總攝佛法中最重要的三昧禪觀。

現在將這些已宣講過的禪觀，供養給諸佛、一切佛法行人，及對禪修有興趣的大德，希望能對佛法修證有所助益。有興趣大德也能依止本書來修持。

我的一生中，可說是以「海印三昧」及「金剛三昧」作為修行最根本的依止。從廿歲開始，大約是在我讀大學的時候，我在宿舍房裡就貼著一幅對聯：「海印三昧境，如來清淨禪」，橫批為「金剛喻定」（金剛三昧）。

而在觀行修證上，則是依「緣起大智度，行證瑜伽師」為準則，以《大智度論》及《瑜伽師地論》作為觀照行證的因緣。

25

　　2002年，當造完海印三昧及金剛喻定的偈頌法本，及至金剛三昧講授圓滿時，深深感覺一生中最重要的授法因緣已了。而高階禪觀偈頌總集《禪觀祕要》的出版，也是完成了我一生中最重要的行證因緣，此時心中充滿了歡喜清涼。

　　希望「高階禪觀心要系列」的出版，能使佛陀禪法的光明，得到廣大的宣揚，使所有的修行者，乃至一切眾生，走向真修實證之道，如同佛陀一般得證圓滿的大覺！

關於本書

本書的結構主要分為以下幾個部份：

一、**念佛法門的發展**：在本書的第一章裏，首先介紹念佛法門的起源與弘傳，讓讀者了解佛陀宣說念佛法門的緣起與發展的脈絡。

二、**念佛三昧初探**：本書第二章念佛三昧初探，此為早年筆者針對念佛三昧所作的專文探討，將念佛法門的各個系統及相關修法作了完整簡要的介紹，讓讀者可以迅速掌握念佛法門的全貌。

三、**念佛三昧修證法軌**：本書的第三章，是筆者於1996年9月，講授高階禪觀課程念佛三昧時，將各個經論中所提到念佛法門的修持法，加上個人的親身體證，總攝成完整的修證方法所寫成的偈頌法本，一來幫助學人總攝念佛三昧，二來亦方便學人日常讀誦修學。

四、**修學念佛三昧的根本**：修學任何一個三昧之前，首先要皈命三寶，並具足正確的發心與觀念。在

本書的第四章與第五章，即是幫助讀者了知皈依
念佛三昧的真義，發心修學念佛三昧，並具足修
學的正確觀念。

五、念佛三昧的修證方法：本書第六章滙總了完整的
念佛法門，從最常見的持名念佛，到觀察佛身相
好的觀相念佛，憶念諸佛無量功德的念功德法身
佛，乃至最後會歸於空之實相的實相念佛，在本
章中都有詳細的講授，幫助讀者循序漸進掌握念
佛法門的心髓。

最後將修學念佛三昧的功德，作一歸結迴向，除了真
心的祈願迴向之外，也顯現了修證念佛三昧的最終圓滿願
景。

序

　　念佛（梵buddhanusmṛti）是指如實憶念佛陀之意。
三昧（梵samādhi），指心定於一處而不散亂之狀態，又
譯作三摩地、三摩提、三摩帝。意譯為定、等持、正受、
調直定、正心行處、息慮凝心等。

　　念佛三昧是指如實憶念佛陀的法、報、化三身的功
德，生起如佛陀廣大功德，入於究竟佛道的菩薩三昧。

　　念佛思想起源於原始佛教中的三念、四念、六念乃至
八念、十念中的念佛法門。行者於曠野之中，心中畏懼、
憶念佛陀的功德，如此於恐懼中得到解脫。在原始佛教
中，佛弟子臨命終時，一心念佛，生於天上，或臨終時，
一心念佛，不墮三惡道，生在天上並七返生死而得涅槃；
都是從原始佛教而來的固有信仰。

　　到大乘佛教的興起，憶佛、念佛的法門特別的發達，
除了對佛的永恆懷念之外，應有更深密的意義。此法門會
成為廣大菩薩修行有力的一支，有其特別的價值，在內容
上也從憶念生身佛發展到十方三世一切諸佛。

　　念佛就內容上來分，又可分為念應身佛、念報身佛、

念法身佛三種觀法。

(一)**念應身佛**：這是憶念菩提樹下釋迦牟尼佛之無邊功德，即憶念如來往昔無量阿僧祇劫中，為一切眾生，修六波羅蜜，具足一切功德智慧，身具三十二相、八十種好，能降伏魔怨而無師自悟，自覺覺他轉正法輪，普度一切。入涅槃後，又以法身舍利三藏經教，廣益眾生，如此功德無量無邊。

(二)**念報身佛**：憶念十方諸佛，真實圓滿果報之身，真實果報之身湛然常住，妙色莊嚴，心念清淨、微妙寂滅，功德智慧充滿法界；宛如千江有水千江月映一般，隨緣顯現，如此救度眾生之功德無量無邊，不可思議。

(三)**念法身佛**：憶念十方諸佛身實相猶如虛空，即使覺悟，一切諸法亦本來不生不滅，有佛無佛，法性常然，即《法華經》所說：「是法住法位，世間相常住。」眾生諸佛，同一實相，即是觀諸佛法身實相。如此便更能清楚了知諸法實相，諸法如實相即是佛，離此之外，更無別佛的如實相了。

如果從念佛的方法而言，念佛又可分為：

(一)**實相念佛**：觀諸法實相即實相念，亦即念法身佛。

(二) **觀想念佛**：觀想佛之清淨妙色身等，念報身佛即屬此類。

(三) **觀像念佛**：前置一佛像，觀之而憶念佛，可作為觀想念佛的前行。

(四) **持名念佛**：即持一佛名號，一心專念。

早期的念佛並沒有特定指那一位佛陀，後來由於阿彌陀佛淨土法門的盛行，使得「念佛」常被用來單指淨土宗的念佛，也就是念阿彌陀佛。

其實，無論是憶念那一位佛陀，念佛法門可以說是一切學佛者都必須修學的。尤其是對「上求佛道、下化眾生」的菩薩行者而言，念佛三昧更是一切菩薩所必須成就的法行，而修行境界愈高的菩薩，愈能相續不斷的念念念佛。

從原始佛教到大乘佛教，念佛法門在印度的發展是以實相念佛與觀相念佛為主。到了大乘佛法的發展，念佛法門不只是佛弟子對佛陀的永恆懷念，亦且是菩薩道行者對自我內在生命的需求。所以念佛法門在大乘佛教的發展中，成為重要的一支，而念佛三昧也就成為一切菩薩所必須成就的法行。

廣義的念佛三昧，是指一切菩薩正念所持，如實憶念

如來的法、報、化身功德等；如此能入究竟佛道，發起廣大福德度一切眾生。念佛三昧的究竟意義是極深密的，含藏了菩薩無限向上的憧憬，迴向於成佛菩提；依如來威神而下覆眾生，迴向一切有情；安住於摩訶般若波羅密多，迴向真如實際。佛、法性與眾生構成了念佛三昧的真實內容，菩薩大三昧的成就，是統攝了諸小三昧，具足眾多的前行方得成就；而念佛三昧匯集諸佛功德，也涵攝了這個特色。

本書所教授的念佛三昧，融攝了經典中重要的念佛法門，並將其總攝為完整的修法，及方便大家修持的偈頌法軌。在本書開始，首先以念佛三昧修證的偈頌法本，總攝念佛三昧法門，後面再詳加說明。

一般念佛的方法，多以執持名號的「持名念佛」居多，本書除了解說持名念佛的方法之外，更進一步講授觀想如來相好的「觀相念佛」，及憶念諸佛特有的十八種功德、十力、四無畏的「功德法身佛」，最後滙入直觀我們身心五蘊與諸佛身同為空寂不可得的「實相念佛」，入於法爾圓滿實相中。本書最末並附上修學念佛三昧的相關資料及原經文，方便大家修學。

念佛三昧是一切佛弟子所應共同修學的三昧，特別是

菩薩行者，更須在行、住、坐、臥生活中，無間相續的念佛，透過念佛三昧的修習，讓慈悲和智慧的菩提永遠不退轉，最後圓滿成就念佛三昧，一切眾生都能成為圓滿的如來，現成全佛。

#

第一章

念佛法門的發展

　　念佛法門在佛教的發展上，尤其是在大乘佛教的發展上，變成最強有力的一支，它的影響深遠。可能跟大家所了解的持名念阿彌陀佛的觀念，有很大的差別。事實上，從佛教初始的三念法門—念佛、念法、念僧，六念法門—念佛、念法、念僧、念戒、念捨、念天，如果再加上念安般數息法、念死則成為八念法門，甚至增廣到十念法門，那裡面都有念佛法門的存在。

念佛法門的起源

　　從原始佛教開始，念佛法門就流傳在佛教的內部。開始時，有可能是依於修行人在行經曠野，心中生起恐懼時的一種憶念。古代地廣人稀，有許多曠野。不像現在人口密集，有很多交通工具。在行經曠野的時候，或多或少心中會感到恐懼。個人在行走的時候，有時候碰到野獸，碰到種種恐懼的事情。而且古代的鬼比現代的鬼多多了。在路上有些是太安靜的地方，像森林，自然精神的力量總是會讓我們生起恐懼。

　　經過曠野之處心中恐懼，念佛法門也就變成一個支持心靈安定的方法。這跟傳統的印度教呼喚天神是一樣的，跟任何一個宗教在原始的需求方面，信眾對超越力量的呼

喚、 需求，期望得到安寧，這是很合理的。所以說，依據這樣的看法，在經典裡面就賦予念佛法門一個很獨立的地位。憶念佛使心得到安住，乃至消除業障。所以說念佛能讓我們往生善道，消除恐懼，甚至投生到天界。這個在早期，就是一個很同情的說法。

　　大乘佛法的興起，給予念佛法門更有力的支持。開始的念佛是一種普念的法門，稱為南無佛，就是「皈依佛」。除了念佛之外，十方佛的說法普遍興起的時候，念十方佛，念過去七佛，念十方三世的佛陀的專念法門也興起了。尤其離佛陀涅槃越久，對佛陀憶念越深，再加上大乘佛法不是以解脫涅槃為唯一的要務，而是希望像佛陀一樣救度一切眾生，念佛法門的發展更是越來越廣大，各種念佛的方法也就隨著發展。

　　從普遍的念佛，到更細細密密的專持的念佛，最初開始最有力的兩支是西方的阿彌陀佛跟東方的阿閦佛。在中國，阿 佛的持念不是那麼流行，反而是以藥師佛取代了。從方位上面，或者三世，念未來的彌勒佛，念過去七佛，種種的流轉越來越有力，到最後許多專門的修持的方便都傳出來了。直到密教，密教的本尊觀其實是念佛法門的傳續，依佛身來觀照，以凡夫的的身、語、意三業，與

佛陀的身、語、意三密相應的法門，到最後發展成生起次
第、圓滿次第，這些都是念佛法門的一貫發展。

　　所以在此和大家討論的念佛法門是很廣大的一個系
統，把佛法中重要的念佛法門作一個總攝，讓大家窺看到
整個念佛法門的梗概。但是念佛法門還是很深遠的，我引
大家進到這個門檻，再來還是需要大家去修持。念佛法門
是一切菩薩所共行，沒有菩薩不修念佛法門，也沒有菩薩
不修念佛三昧。越高位的菩薩，越了悟無我，越了知佛的
如幻，當然是越能憶持了。念佛與佛大悲相應，是心是
佛，是心作佛，這是我們所要修學的。

念佛法門的四個系統

　　念佛不是口念而已，口念只是中國佛教在念佛發展裡
面拈出來的最簡單的一支，作為普遍性大家所修學的方
便。持名念佛是好的，問題是持名念佛不是念佛的唯一
法門。持名念佛是很好的方法，每個人都能輕易使用，
也能產生很微妙、不可思議的利益，但是如果堅持持名念
佛是念佛唯一的方法，而排除其他的念佛法門，這樣就不
對了。所有的念佛法門都是佛陀及歷代祖師大德所傳持出
來的，堅持只能持名念佛，其他的不准學，這是沒有道理

的。持名念佛並不是唯一的念佛方法。

依據個人研究的成果，我將念佛三昧整理成四個系統。第一個是以持名念佛為中心，第二個是觀相念佛，第三是觀功德法身，第四是實相念佛。這四種念佛都能夠成證念佛三昧。我們可以把它當作是四個不同的系統，單一的持續下去修習，也可以把它當作越轉越深的法門。

龍樹菩薩所講的《十住毘婆沙論》裡面，最先說持名念佛，持名念佛能夠引發我們成證無上正等正覺。第二講觀相念佛，觀三十二相、八十種好，是觀相法門，在後期發展裡面最有力的一支。在這邊所說下品勢力能夠成證觀相，中品者能夠成證法身，因為佛不以色身相而成就而已，他是依法而成就。法身的原始意義是依法而成就之身。

原始的法身是什麼意思呢？就是說佛陀具有戒、定、慧、解脫、解脫知見；佛具有大慈大悲；佛具有十力、四無畏、十八不共法；佛具有這些法的內容，這些法的內容形成他的身，所以就叫作法身。佛所成就證得的內容，就在佛的十種名號中顯現，稱為「如來十號」，分別是：(1)如來、(2)應供、(3)正遍知、(4)明行足、(5)善逝、(6)世間解、(7)無上士、(8)調御丈夫、(9)天人師、(10)佛、(11)世尊

等十一個。在這十一個中除去第一號「如來」，就是如來十號。與世尊合稱為一號。這樣也是如來十號。這十個名號我們在第六章的「念功德法身佛」中，會有更深入的探討。

從世間外相上，昇華到義理上，這是佛的功德法身，這是有次第的，這是更深的。到最後第三個，一切相，所謂相者非相，相與非相，全部泯然平等，進入所謂的實相法身，這是最高的。《十住毘婆沙論》所說的念佛法門是四個依次往上，修到最後才算是念佛圓滿，這是龍樹菩薩的看法。

念佛法門在中國的弘傳

念佛三昧法門在中國也發展成種種的分類。在懷感的《釋淨土群疑論》提出有相、無相兩種念佛三昧。無相念佛三昧是念法身佛，法身佛是屬於實相的，跟我們剛剛所講的依法成就的身不一樣。有相念佛是念報身佛、化身佛。這樣的思維還是很傳統。雖然這樣子講也可以，但其實這樣的分類不是很完整。

有機會大家可以看一看智者大師所傳下來的《五方便念佛門》。他舉出五種念佛法門：第一個是稱名往生念佛

三昧門，第二個是觀相滅罪念佛三昧門，第三個是諸境唯心念佛三昧門，第四個是心境俱離念佛三昧門，第五個是性起圓通念佛三昧門。次第轉深。以後有時間會跟大家介紹。本次我們把所有的念佛三昧法門作一個總攝，讓大家對這個法門有深刻的體會。

華嚴宗大師清涼澄觀於《華嚴經疏》〈卷五十六〉，舉出五種念佛法門：第一是緣境念佛門，第二是攝境唯心念佛門，第三是心境俱泯念佛門，第四是心境無礙念佛門，第五是重重無盡念佛門。

依華嚴觀法，「事法界」、「理法界」、「理事無礙法界」、「事事無礙法界」，華嚴的觀門，相攝無盡來建立。這是在中國很有名的分類法。現在通常所使用的是唐朝禪宗與華嚴宗的共同祖師圭峰宗密，他提出所謂的「稱名念」、「觀相念」、「觀想念」、跟「實相念」四種。這是目前大概的一個分類法。

飛錫法師在《念佛三昧寶王論》中舉出念三世佛——念現在佛、念過去佛、念未來佛。明代智旭（蕅益大師）分成念他佛、念自佛、自他俱念三種念佛方法。念他佛是念阿彌陀佛、藥師佛、不動佛等等。念自佛是念自己當念一心，這個跟禪宗的法門合在一起。自他俱念是觀心、

佛、眾生三者無差別，也是一種念法。近代的印順導師則依剛剛所講的稱名念、觀相念、觀想念、實相念，重新建立稱名念佛、觀相念佛、唯心念佛、與實相念佛。

宗密的稱名念佛、觀相念佛、觀想念佛、實相念佛，少了一個很重要的功德法身念佛。《解脫道論》與《清淨道論》裡面所憶念的，傳統念佛很重要的是念功德法身，到了大乘佛教，忽然少了功德法身，這得注意。在《般舟三昧經》的修法中，行者最後能見一切諸佛現立在前，但是如夢如幻，行者甚至能夠跟佛對答。但是要了知佛亦無來，我亦無去，一切現空，否則就執著了，就如同外道了。

印順導師依據這個建立「唯心念佛」，他認為稱名念佛、觀相念佛、實相念佛都是下手的方法，但是唯心念佛是證得的時候所感受的。但是我認為這樣在分類上有一個問題，因為如果這樣講的話，下手的地方，每個人都要了解如夢如幻，不能說稱名念佛就沒有唯心。因此在我寫的一篇論文，完全依下手的方法，分成稱名念佛、觀相念佛、觀功德法身、及觀實相身。觀相念佛包含觀像與觀想，觀想包含觀生身、觀報身。在下一章念佛三昧初探會有詳細的解說。

以上是跟大家作一個很簡單的解說，讓大家了解現在

我們所講說的念佛法門是依據這樣子下來的。有這樣的理趣來修證，我們應該可以在念佛三昧裡面得到完整的傳持，希望大家從現在開始能夠勤修念佛法門。修念佛法門跟修其他法門沒有任何衝突，它是可以相應增長的。《大智度論》舉說佛為什麼講摩訶般若波羅蜜多，是為了增長菩薩念佛三昧故，說摩訶般若波羅蜜多。講般若法門、講智慧，能夠增長念佛三昧，而且是講般若經典的一個重要的理由。可見念佛三昧法門是可以融攝諸法海成大流的，能出生首楞嚴三昧、海印三昧、及金剛三昧，圓證諸佛究竟。

第二章

念佛三昧初探

　　念佛法門在初始時，只是為讓修行人與佛教信眾，在孤獨無助時的安慰依靠之用，所以念佛在當時是遇到境界或在荒野無依時，用以安心的法門。但到了部派佛教興起時，也就是在小乘佛教發達時，它被收錄為五停心觀之一。

　　什麼是五停心觀？就是五種讓人妄念停止的禪法，像不淨觀對治貪欲，數息觀對治妄念，因緣觀（觀察十二緣起）對治愚痴，慈心觀對治瞋念，另外就是念佛觀對治惡業；有些人將念佛觀以界分別觀取代。這幾乎是小乘佛教中最根本的禪法，但這些禪法基本上都以對治為重心，是以對治眾生無明煩惱為重心。但此處所要講的念佛三昧，已經超出傳統上小乘的看法，它已變成大乘菩薩必修的要門。

念佛三昧的三種意義

　　要明白大乘菩薩所需修持的念佛三昧，就必須先了解念佛三昧的三種意義：

　　第一、迴向成佛菩提

　　第二、迴向有情眾生

　　第三、迴向真如實際

有如此內容才能稱為是大乘禪學、大乘菩薩的三昧。

第一、迴向成佛菩提，即是說在修持念佛三昧時，不僅是止於原始禪法——因心中充滿恐懼，需要佛陀加持，所以窮極呼天，希望佛陀給予護佑；也不僅是止於修持禪學時，因很多境界難了，希望佛陀加持智慧，讓自身智慧通達得到解脫而已。

在整個念佛三昧裡的根本義就是——念佛是要成就與佛陀同樣的果報，跟他同樣具足慈悲與智慧的圓滿，與他同樣達到心靈上最高明的境界，身具三十二相、八十種好。

所以說，念佛，第一必須對佛陀具足無限的向上跟欽仰，所以是「悲仰同觀上」，觀佛是無上，他是法界中最圓滿的生命，因此我們要與佛同等無二，所以說迴向成佛菩提，這是一個念佛者最根本在信願上的成就。

第二、迴向有情眾生，佛陀有無邊智慧、無邊圓滿，我們號為菩提薩埵，也就是覺有情（菩提為覺、薩埵為有情），也就是菩薩行者是佛跟眾生之間的一個橋樑，上乞佛法，下化眾生，他從佛陀那邊得到無限威神的加持，依佛力加持故廣度無量眾生，所以說念佛三昧是為了迴向一切有情，「悲」為根本，為眾生的緣故，他粉身碎骨在所

不辭，所以一切念佛即是為了眾生。

第三、迴向真如實際，也就是念佛人了知佛性是空，眾生也是空，我是空，我所念也是空，但以悲憫故而念佛。他了知這些都是空如幻，而空如幻都是緣起所成，於緣起中起空花佛事。

所以在這個層次來講，迴向真如實際，也就是安住在大智慧——摩訶（義譯為大）般若波羅蜜多。既然迴向真如實際，是安住在智慧中，所以說念佛三昧在大乘菩薩三昧裡，根本上是信願、智慧、慈悲都要具足的，如此才算是一個完整的菩薩三昧。

當大家念佛時若具備這三者的話，即可說修學的是大乘菩薩的三昧。許多人說：「我念阿彌陀佛，我就是大乘菩薩。」此事有待商榷，因為在極樂世界裡也有小乘人，所以念阿彌陀佛不一定只大乘才有。

因此，念佛若沒有具足這三個意義的話，即使念阿彌陀佛到極樂世界去，還是小乘人，所以千萬不要以為念阿彌陀佛就是大乘菩薩，沒有發菩提心就不是大乘菩薩，發菩提心就是大乘菩薩，這點要弄清楚。

念佛法門的起源與開展

在原始佛教中有所謂三念法門，三念是什麼呢？——念佛、念法、念僧。僧是真理的實踐者；法就是如實宇宙的真理；僧是實踐真理的團體。其實法是超越於佛的存在，《阿含經》明言：「若佛出世，若不出世，諸法常住。」宇宙真理是永遠不變的，佛陀不過是踐履了法的真理而已，但在踐履法的過程裡，我們需要靠佛的教導，才能去學習圓滿。

念佛法門最早是在《阿含經》裡出現的，當時有的在家居士，從事經商，經常往來各處。在曠野時，因人煙少，心懷恐懼，這時佛陀為了讓其心理安定，就教他們念佛，這念佛跟一般其他宗教的念天、念神本身內涵上並無二樣。

在每一個宗教裡有最高階層，他是智慧的行人，他不需要這些，但是有些基層的人，實在必須透過形式來信仰，當他念佛時就感覺到，啊！佛好偉大，他具有三十二相、八十種好，他是天人之師，是宇宙中偉大的生命體，我憶念他的話，一切恐懼都會消失，我憶念他時，他會保護我，這是佛陀最早、也是最素樸的教導法。

此外就是有些比丘在阿蘭若（遠離聚落，適合修行的僻靜處）修持，這些修持人即所謂修頭陀行、修苦行的人，在修行時，有時會恐懼，那恐懼時該怎辦呢？佛陀教他們念佛。

所以說念佛法門很早就出現了，在《阿含經》裡就有記載，但這種念佛法門，我們會發現它都是完全重信仰的，而且這些重信仰的形式，在很多經典中都有記載，只要你很誠心念佛的話，你一定可以升天，到最後可以得到解脫，但是這時所念的內容不完全與現在所念的相同，那時念的是「南無佛」──皈命佛，就是如此而已。

我們在《法華經》裡也看到「一稱南無佛，皆共成佛道」的偈頌，就是「南無佛、南無佛……」，這樣子念，因為那時十方佛的信仰並沒有被普遍的發展出來，每一尊佛的願力，大家還不清楚，所以那時強調的就是稱名念佛──稱念南無佛而已，但是這個稱名的方法，慢慢從信仰的層次到最後大家發覺到，吔！念佛法門真好。

所有法門本身都是隨著時代在不斷地變化，不但在內容上會不斷地被增廣，而且也會不斷地昇華。當我們發覺「念佛」它應不只是信仰而已，它應該有其理智面，有可以再把它發展的地方時，便開始思索為什麼念佛？佛是什

麼？故而發覺到佛陀具賦無邊無量的內涵，他具足智慧，具足悲憫。

所以，念佛是學習佛陀的智慧跟悲憫，因此要念佛的話，就必須跟佛一樣發生度眾生，心要跟佛陀一樣。因此從信到悲、智慧三者都被納入念佛的內涵裡，三者圓滿的念佛思想，就變成一個菩薩所必須共學的。到最後菩薩念佛，是要在每一刻每一時每一念都必須與佛相應，否則他就沒有實踐菩薩道背後的力量。

所以在這邊念佛法門變成大乘菩薩的共學，每一個菩薩都必須念佛，而這念佛已經超越傳統信仰層次，而變成了菩薩道實踐的樣態。

但是每一個人根本的個性不同，所受的訓練不同，因此產生了各種不同的念佛樣態；有些人從智慧趨入，有些從悲心趨入，有些從信願趨入。而一個從信願趨入者，會較重視形式層次，他要持名念佛，「阿彌陀佛，阿彌陀佛……」，或者觀想這尊佛的佛像，觀想佛陀具足三十二相、八十種好，而為何他會如此光明巍巍呢？哦！原來他擁有很偉大的福德智慧，所以具足相好，我希望得到他的加持，使我能與其一樣圓滿，這是信願上入手的方法。

有些人從悲心下手：佛陀救度眾生，他為一切眾生實

踐成佛，使一切眾生離苦得樂，得到究竟圓滿，我要像他一樣，所以說我希望念佛的時候，就是要跟他一樣具足那種悲憫、那種力量。

有些則從智慧入手：佛具足十力、四無所畏、一切的智慧，這種智慧就是摩訶般若波羅蜜多，所以說我心安住在般若波羅蜜多時，我就是在念佛。

如此一來，念佛法門就無限無邊的開展。

念佛在後世中所發展出來的法門，有些人可能比較不熟悉，因為現在稱名念佛大量盛行，其他念佛法門都幾乎不流行。現在全把它提出來讓大家了解，原來念佛法門有那麼多樣，大家可依需要，選擇一種樣態作為修持的根本。

散心稱名念佛

念佛方法中最常聽到，也是我們最常接觸的是稱名念佛；稱名念佛可分為兩種，一是散心稱名念佛，一是定心稱名念佛。最早期稱名念佛單念「南無佛」，佛本身就具有著無量無邊的意義。之後，十方佛才慢慢傳誦出來。

很多人因為不同的緣故，而有不同的念佛因緣。例如在西方有阿彌陀佛，阿彌陀佛為什麼成佛，他有他的

願力，他有他的悲憫心；東方有阿閦佛，阿閦佛為什麼成佛？原來他修忍波羅蜜，是不動佛，人家罵他，他都不生氣，他是道德的實踐者。又如藥師佛，藥師佛為什麼成佛？他具足大醫王的成就，他能應病予藥，他能治療眾生一切身心的疾病，讓眾生得到撫平。

所以每一尊佛有每一尊佛的特殊樣態，每一尊佛有每一尊佛成佛的特殊因緣，每一尊佛有每一尊佛的特殊願力。這些願力、這些樣態，就代表要救度的無邊眾生，而每一個眾生，在他當下的每一念裡，都是他實踐菩薩道、發菩提心的對象。於是到最後，一個醫生他修持成就了，他就是藥師佛，一個建築師他修持成就了，他就是阿彌陀佛。

每一個人有不同的生命形態。所以各有其內在因緣，使其抉擇不同的佛號來稱受，而從此開始努力修持的話，他就會成就那尊佛的境界。

散心稱名念佛是隨時隨地的念，念的時候要相信他的本願，我們在念佛的時候，尤其是在菩薩行者念佛時，一定要了解自己所念的那個佛的本願，心要跟那個佛的本願相應，如此一來，念才會特別有效力。

稱名念，就是隨時隨地念，「南無阿彌陀佛。南無阿

彌陀佛……」隨時隨地的念，念到最後怎樣呢？就是《阿彌陀經》所謂的，若一日、若二日、若三日……乃至若七日一心不亂念佛。

那麼一心不亂念佛要怎樣才算初步及格？

隨時隨地於二六時中、一天二十四小時地這樣念佛，就跟阿彌陀佛相應。念到你自己的八識田裡，所以說，老婆罵你的時候，也是「阿彌陀佛」，跟男朋友吵架也是「阿彌陀佛」，甚至在睡覺、人家掐你的脖子時，一掐就脫口念出「阿彌陀佛」。什麼時候心中都是「阿彌陀佛」，隨時隨地都是心念彌陀，這是一般的散心念佛。

定心稱名念佛

所謂「定心稱名念佛」一門，語出《文殊師利所說摩訶般若波羅蜜經》，簡稱《文殊般若經》。

此念佛法門乃是要「端身靜坐，隨佛方所」，而「隨佛方所」主要是建立在心理層次的範疇。我們所在的地球跟著太陽運轉，因此我們的方位隨時都在變化，所以西方並不是固定不動的西方，而我們認定的西方，是有心理層次的；因為我們的心中認為佛陀在西方，所以在心理上也建立了一種方位的感受，也因而產生了一些力量。

　　要念一尊佛的名號，我建議大家一定要先研究他的願文，你沒有研究他的願文的話，你在稱名念佛的時候，雖然有效，但其效果恐怕只有千百億分之一。所以，我們在稱名念佛時，不僅要發與那尊佛同等的願力，甚至要發比他更大的願心。

　　好比藥師佛有十二大願，那你就發十三個；阿彌陀佛有四十八願，你就發五十四個，就是要比他多，否則怎麼可以表現宇宙是在不斷的進步！阿彌陀佛與藥師佛都是不斷超越以前的佛願；關於藥師佛，有所謂的藥師七佛，起先一佛只發四個願，至最後的那尊佛已發到十二個大願。大家可能會以為這是突發奇想，才說要發十三、十四大願，其實這一切只是依於佛法的理則，我認為要念佛，至少要與那尊佛發一樣的願，否則就是要更多，少就沒什麼意思了。

　　藥師佛有十二大願，最重要的是第一、第二願。第一願，當成就阿耨多羅三藐三菩提，無上正等正覺時——就是成佛時，具足三十二相、八十種好，焰網莊嚴光明無比，我要使十方三世眾生跟我一樣，這是一切眾生成佛願。所以當看到這句話，如果大家的妄想念頭剎那間斷掉了，完全與他相應，而徹徹底底相應時，就成就藥師佛

了。

　　但大家總是不信，因為凡夫見太重，其實他這願很偉大的，大家如果剎那證信的話，身心馬上改變。可惜的是我們沒有這麼利的根器，老是懷疑：一念成佛怎麼可能？但《法華經》中明言，小龍女八歲就成佛。而第二願是世界成就願，就是成就完全是清澈透明無比的藥師佛淨土。所以大家要念藥師佛時，就要研究其本願。念阿彌陀佛時是希望往生西方淨土，因此對其四十八願要有深刻了解，之後，端身正坐，念南無阿彌陀佛，才能真正與佛相應。

　　這定心念佛，是一種捷徑念佛，一般來講是修三個月九十天，坐著念佛九十天，九十天裡一心不亂地一直念、一直念，除了上廁所、吃飯之外，都在端坐念佛，所以現在一般打佛七，也帶點「定心」念佛的方式，但大部分還是散心的念佛形態。

　　以上所講，還不是菩薩的念佛三昧，像在《文殊般若經》裡，講的念佛三昧是——要繫緣法界，法界一相，也就是說你要認清整個法界是無我無他，整個法界現前是一味，整個法界是無內外的差異，我空、法空、諸佛皆空。所以說我在念佛時，只是如實之念。在念佛三昧，到最後端身靜坐，念阿彌陀佛，阿彌陀佛就坐著現前了，他還可

以跟你講話，甚至你的身心還可以進到他的世界。

這樣的境界現前時，若有些許執著產生，便會偏離掉，大家要明白：佛沒有來，也沒有去，這只不過是一法界的如實相而已。所以要了知一切如幻，不執著境界，不執著境界就不落入境界，因此這屬於智慧的內容。而念一佛的功德，等於無量無邊的佛的功能，為的是一佛的功德跟法界的功德同等。

此處也讓大家有個啟示——修行不要貪多務得，雖說每一個法都要學，但在實踐時就是要一門深入。念阿彌陀佛時，不要隨隨便便又加入其他法門；若修持念佛法門，現在這段時間就都念佛，當中要學其他法門也可，但只是聽聞而已，修持時還是要貫徹原本的方法。千萬不要念「阿彌陀佛」、「阿彌陀佛」，覺得好像一尊佛不夠，就「南無阿彌陀佛」、「南無藥師佛」、「南無觀世音菩薩」……一起來，結果愈念愈多，而真的遇到事情時，卻不知道要持念哪一尊佛來加護自己才好！

所以最好不要自找麻煩，這不是說修學的法門一生不改，而是在修學某一法門的一段時間裡，要專心在那個法門上，這樣才容易成就。你修持這個法門成就了，其他法門也就很容易成就，你只要見到阿彌陀佛的話，也很容易

見到藥師佛。這是稱名念佛的內涵。

在中國，一般都圍繞著稱名念佛，尤其是散心稱名念佛的層次來談，這不是不好，這是三根普被，廣大法門，但如果以為這是唯一的，則是一個法門的倒退、退墮。我們應該說這個法門很好，大家可以學，但是除了這個以外，還有其他法門，不同根器的人可以抉擇不同的方法，大家隨順方便即可。

當初陳建民老居士回到台灣時，曾大力提倡「消業往生」。但過去台灣一直是提倡「帶業往生」，如此一來便帶給台灣淨土宗行人很大的震撼，大家就羣起而攻之，圍剿他。其實他提倡消業往生，不過是想提升大家修行的水準，絕對不是存心讓大家對佛法失去信心。因消業往生絕對保證往生極樂世界，帶業往生則帶點冒險性，所以我看其他念佛法門的立場，也是從這個觀點來出發，我依舊認為稱名念佛很好，但還是有其他法門也不錯。

觀相念佛

觀相念佛有二個層次，一是屬於觀相念佛，一是屬於觀想念佛。唐代圭峰宗密大師，他分念佛法門為「稱名念佛」、「觀相念佛」、「觀想念佛」、「實相念佛」。印

順導師則把它分成「稱名念佛」、「觀相念佛」、「功德法身念佛」、「實相念佛」。

觀相念佛,其本上來自眼根,我們眼觀佛像,植入心中,讓「佛」的意念深住心中,了知他是空性的,故他能具足三十二相、八十種好,那我們是凡夫,我們是如幻的,所以我們也能具足三十二相、八十種好。他為什麼有三十二相、八十種好,是因他具足無邊功德與無邊智慧,因此我們要像他一樣。

所以,首先觀相念佛需有佛像。現在佛像很多,但在古代佛像很不流行,尤其在原始佛教裡,佛像幾乎不存在,佛像都是用蓮花、用足印來表示,佛陀走過之處就畫一個腳,坐的地方就畫一朵花。後來是因為有一次佛陀到天上去,有一個國王,他很思念佛陀,就徵求佛陀同意,塑了一尊佛陀金像,從此才有了佛像。

早期佛像只在寺院裡才有,所以觀佛像不像現在這麼方便,只能到寺院去觀察,仔細研究之後回來憶念。有的是先看佛像,心裡就念佛,一直看一直看,結果整個身心與意識相結合,到最後身心轉換成佛的身心,所以在早期這是一種蠻奢侈、蠻難得的法門。常常只能按經典記載的去想像,去組合。慢慢地,佛像整個大流行起來,每個人

都可私自擁有，可從經典去畫佛像。

畫佛像有其規矩及傳承，這規矩與傳承有兩個途徑，一是從經典裡來，一是歷代祖師在定中見佛，看到之後就仔仔細細地畫下來。

觀想念佛也有二途，一途是最高明的，如果你功夫夠，可入定看阿彌陀佛，到極樂世界去看他，那就不用觀想了，但這種人少之又少。沒有辦法的話，就依照佛像來觀想他，觀想佛像就如同頻率一樣，愈調愈接近、愈調愈清楚。雖然畫出來的佛像與真正的佛有別，但卻一定有部分共同點，還是能逐漸證得現見佛陀。

其實很多人自以為信仰佛法，自以為修行上很有成就，但常常不然。有一次有位大德在演講時，跟大家宣說：「現在阿彌陀佛慈悲大發，要大家馬上往生極樂世界，要去的舉手！」結果沒有人敢舉手。

所以大家有時要檢討為何修行沒有成就，沒有出離心。光是用功是沒用的，你再用功若只是為了保護自己，如此一來，修得愈好反而我執愈重。而有些小孩子一下子就成就了，有些人卻修了幾十年，無所成就，因他一直在保護自己，不讓佛把其妄心破掉，希望大家偶爾反省一下自己修道的心。

一般說來，觀想念佛有二種，一是觀想佛陀的生身，一是觀想佛陀的報身。

佛陀的生身一般稱為應身或化身，二千五百年前印度的釋迦牟尼佛，生身有三十二相八十種好，以及種種教化與種種功德。但觀想他的生身，不要以為只觀想不動的佛像，還要變成可移動的，好比先看幻燈片，然再變成多媒體，接著可放電影。

至於應化身的話，起先觀想：「釋迦牟尼佛出生時如何———一手指天，一手指地，天上天下唯我獨尊。」接著可觀想：「在菩提樹下悟道時如何」，「涅槃時的過程」，也可觀想他悟道或說法時，或他八相成道整個一生。他是活動的，你可以跟他求法、跟他問法，但是問法、求法還是要如幻，有些人不能了知如幻，以幻境當實境，那就麻煩了。以上是屬於佛陀生身的觀想法。

另一種就是觀想所謂的「報身」。報身、化身應如何區別呢？報身就像天空裡有一個太陽或月亮；化身就像地面上水所倒映的。所以千江有水千江月，因緣成就時，佛陀就會現起。

我們常念當來下生彌勒尊佛，就是祈求他趕快來，在理論上他是五十六億七千萬年後才下生人間，亦即在人

間成為淨土時，他下生人間，如果讓人間早點成為淨土的話，他就不得不來。

所以如果你喜歡留在這娑婆世界，那麼這階段的目的就是——把地球變成淨土，使彌勒菩薩早日到達地球成佛。也就是說請佛住世是彼此的責任，不是佛的單一責任。因彌勒佛不太喜歡污穢的地方（而釋迦牟尼佛則常處於五濁惡世，二者個性不太一樣），所以早點讓人間成為淨土，他才能來。

如果你喜歡往生他方淨土，有佛住世、沒有三惡道、清淨莊嚴無比的國土，那麼就要依那個淨土的佛為觀想對象，觀想種種莊嚴境界，一心與之相應，配合願力則能往生。

報身的身體跟人間的示現不一樣，釋迦牟尼佛在人間的示現，也所示現的身相不能超出人類所能接受的感官頻率，否則我們的身心受不了。釋迦牟尼佛所顯現的身體，所謂「常光一丈」是用人類的形式來表達，但報身整個顯現的話，就無量無邊，如同《華嚴經》所講的無量光明。我們也可那樣子觀想，但必須加上自己的想像力來觀想。但是不管如何，一般次第的修持是先觀佛像，把佛像攝入腦子裡再觀想，到最後甚至加入自己，而進入念佛的境

界。這就是觀想念佛。

在《觀無量壽經》中有所謂的「十六觀法」，這亦屬觀想念佛，其中後三觀——即第十四觀指的是上品上、中、下生（上輩者）的觀法，第十五觀指的是中品上、中、下生（中輩者）的觀法，第十六觀指的是下品上、中、下生（下輩者）的觀法。這裡的「觀」並不只是單純的觀想意義而已，它還有實踐、相應的意涵，也就是說如果能相應於第十四觀的內容即是上品往生者，能相應於第十五觀內容者即能往生中品。例如第十四觀上品上生是要：「一者慈心不殺，具諸戒行。二者讀誦大乘方等經典。三者修行六念（指念佛、念法、念僧、念戒、念施、念天），迴向發願，願生彼國。」具足這些便是成就第十四觀之上品上生者，也就能往生極樂世界。

至於前十三觀實是一般的禪觀法，十四、十五、十六觀則是往生要具足的觀法。上品、中品、下品的觀法也都可以修前面十三種觀法，因為這十三種觀法都是配合西方淨土的種種莊嚴以及無量壽佛而設觀：

「第一、落日觀。第二、水想觀。第三、寶地觀。第四、寶樹觀。第五、寶池觀。第六、寶樓閣觀。第七、華座觀。第八、像觀。第九、一切佛身觀。第十、觀音觀。

第十一、勢至觀。第十二、雜想觀。第十三、普觀。」

這些觀法的名稱有不同的說法，所觀的內容並非單獨一項，在《觀無量壽經》當中有清楚的說明。其中第八觀，經中說：

「次當想佛，所以者何？諸佛如來，是法界身，入一切眾生心想中，是故汝等心想佛時，是心即是三十二相，八十隨形好，是心作佛，是心是佛。……作是觀者，除無量億劫生死之罪，於現身中得念佛三昧。」

第九觀觀無量壽佛即見諸佛，經中說：

「無量壽佛有八萬四千相，一一相中，各有八萬四千隨形好，一一好中，復有八萬四千光明，一一光明，徧照十方世界，念佛眾生生攝取不捨，其光相好，及與化佛，不可具說，但當憶想，念心眼見。見此事者即見十方一切諸佛，以見諸佛故，名念佛三昧。」

上述成就念佛三昧的觀法，正是念佛法門中觀想念佛的正解。其餘的觀法亦可納入觀想念佛的廣義中。

這十三觀有其階次順序：從初觀的落日觀，是順應西方極樂世界、光明歸藏之所在而起觀，讓你定心，讓你跟西方產生因緣，以心為攝受，有彌陀攝受我們、我們入彌陀兩個含意。在心上趨向彌陀，在相上攝心一念、淨念相

續、生起三昧。

接下來是水觀,建立如海水倒映的境界,並有清淨之意。見水清淨透明,無有污穢、執礙。再來是建立七寶所成的土地觀,寶樹、寶池、寶樓閣觀等等莊嚴境、各種諸鳥合鳴、樂器的演奏、光明境界等等一直到第七觀,這是從大觀到細觀,從靜而動,有音有色的依報觀。

再來第八觀是觀住在其中的佛菩薩,首先先建立彌陀自性,我們自心的自性與彌陀的自性如一,依據這個理則來建立佛身,來觀佛身。有了這樣的基礎,再來就能對身觀佛,見無量壽佛即是諸佛,了了分明。在此很重要的一點是:無量壽佛即是諸佛,無量壽佛的體性就是一切諸佛的體性,見一佛即見無量佛。如此觀佛、見佛後,再來就觀眷屬:觀音與勢至兩大菩薩,以及無量的眷屬眾等等。他們加持汝等,攝受我們前往極樂世界。這是正報的部分。

其中第九觀:見無量壽佛即是諸佛。見無量壽佛從法界出生,他就是一切諸佛的根本報身,一切諸佛都是其所化現,所以見無量壽佛即是諸佛則有二方面的觀法:一是見無量壽佛流出一切諸佛,一是觀一切諸佛即是無量壽佛的化現。如此一來,整個法界都是極樂世界,十方諸佛都

在極樂世界裡。從無量壽佛的毛孔光明示現五百億化佛，一切諸佛都從其毛孔流出，一一化佛無量功德莊嚴，都在極樂世界發心成佛，這可以清清楚楚地看見。這個觀法是法性與緣起的相應，在法性上，因為諸佛體性如一；在緣起上，因為我們現在所修的是無量壽佛的觀法，所以從無量壽佛流出，所以見一佛即是見無量諸佛。觀東方佛即是無量諸佛，觀無量壽佛即是無量諸佛，觀釋迦牟尼即是無量諸佛即是毗盧遮那佛，這是非一非異的。

從依報到正報的觀法其實是一套完整的觀法，所以十三觀其實是一貫的，亦可說是一觀，總名為極樂淨土觀。十四、十五、十六觀是講眾生如何努力而往生的階位。第一觀到十三觀分別從心定從佛本願，從依報到正報，從大到小到細到明，到有力到變動、法界起現、自身修與法界的過程，這是有順序地從基礎建立起，究竟讓我們達到現證極樂，當下就在極樂世界中。

設十六個觀法是一種方便，真正高明者是不用形象來觀的，而是現前法界觀、是無相的、無階次的，直接入彌陀性海，實相念彌陀，直接進彌陀世界即可，何必觀呢？我們現在之所以需要觀，是想藉由這些相來與極樂世界接觸，就好像調電波一樣，慢慢調，慢慢調，從漫無目標

地，慢慢縮小範圍，先找出一個大方向，愈調愈細，愈調愈接近，終於調到了極樂世界的頻道。

你所觀的是心如幻所觀，彌陀的世界亦是如幻的現起，兩個就如實相應。這樣才能真正看到，佛也沒有來你也沒有去，而是在這個因緣相應相攝下生起。所以觀想之根本意不是光在腦子裡想來想去，那只是自己的幻想世界，與彌陀世界並不相干。「想」是要來調整你的心念，調整到跟彌陀完全相應時，彌陀的頻道就跟你完全相通了。你現在不一定就去極樂世界，極樂世界也沒有來到你面前，但你就是可以清楚地看到彌陀世界的莊嚴。但是，你也可以去，彌陀也可以來，只要你能了解這一切都是如幻，你也就真的去，彌陀也真的來。如果你無法了知這一切皆如幻的話，那麼還是在演戲，了悟如幻時雖然亦是演戲，但是卻能演得真，才是所謂的實相。虛幻與如幻不同，虛幻是假的，如幻是實的，不能了知如幻而以一般的事實為實的話，那就是虛幻，不是如幻、也不是實相，而是執著。

功德法身念佛

有些人不喜歡稱名念佛，也不喜歡觀想念佛，他喜歡

思索，或學習佛陀的智慧與悲憫，這是所謂的功德法身。功德法身跟一般的法身不一樣，我們常講法身無相，法身就像虛空，報身就像天空中的太陽，化身就像水面的倒影一樣。

　　但在早期法身是指五分法身，這五分法身是怎麼來的？我們知道在早期舍利弗與目犍連是佛陀的二大弟子，但都先佛而走。由於舍利弗教導很多人，且又受人尊敬，當他圓寂時，許多人都傷心地去找阿難，阿難也很難過，就去跟佛陀說：「唉！舍利弗一生修持得那麼好，但就這樣走了，實在是令人悲傷不已。」

　　釋迦牟尼佛卻向阿難說道：「舍利弗尊者雖然走了，但他的戒、定、慧、解脫、解脫知見還是存在。戒是他的守戒清淨，定是他的修學圓滿，慧是他的智慧無雙；解脫是由戒、定、慧的修持，達到解脫生命的纏縛，他已經自由了；解脫知見是要達到解脫所有歷程的知見，而他都完全了知。」所以這戒、定、慧、解脫、解脫知見就成為五分法身。

　　在此，我們先對「解脫」與「解脫知見」作一簡單說明。很多人不了解這二者，以為一個解脫的人，一定懂得解脫知見，這是不正確的，一個解脫的人不一定是好老

師，很多阿羅漢根本不善於講話，更遑論教學了，雖然他所證得是對的，但符號系統卻有問題，所以有時才不得已，以神通來表達。

解脫與解脫知見，用我們最平常的話來講，解脫就像從台北要到高雄，那我們已經到了高雄，就解脫了，然而可以到高雄的人，不一定知道路，也不一定會指導別人怎麼走，可能某一方面很清楚，但不見得全程了知。而解脫知見就是他自己都曾走過，而且每一處是怎樣狀況，怎樣調整都清清楚楚，因此解脫知見比解脫還難，解脫的人不一定有解脫知見，但有解脫知見的人必定能解脫。

所以思惟佛陀的戒、定、慧、解脫、解脫知見，與佛見足一切種智、偉大的十力、四無畏、大慈大悲種種功德，思惟這些內容，就是功德法身，這可使大家修持而有所成就。

實相念佛

實相念佛是見緣起即見法，見法空即見真實的佛，《小品般若經》裡說：「無憶故，是名念佛。」就是真觀生身、功德、緣起都是無自性，了知一切是無自性，整個法界無自性，法界無自性即是佛，這叫實相念佛。

要對實相念佛有深一層的了解，我建議大家看《金剛經》：「若以色見我，以音聲求我，是人行邪道，不能見如來」，「見一切諸相非相，即見如來。」

所以了知一切諸相非相即是見佛的真實法身，這樣即是實相念佛，因此觀空即是見佛。

法界念佛

談完了傳統的四種念佛方式，在此再跟大家共同研究一個我自己研究出的法門，名之為「法界念佛」。這個法門融合了空無自性，融合了稱名念佛，也融合了身體氣脈的一個修法。

「法界念佛」的基本口訣是：

不假循誘，純任自然，脫念而出。

這個法門的步驟：首先，於法界空無所有虛幻身中，尋一定點——這定點是虛幻身整個生命能量的發起處，在臍下四指處，在密宗稱之為「海底輪」。

之後，尋找自己有緣的本尊，比如說念阿彌陀佛，心中相信他、稱念他並與其願力相結合，而與他具足同樣的悲心。此時在定境中，於無所住時，突然間生起一念——阿彌陀佛，也就是說「應無所住而生其心，生其心時亦無

所住」，念阿彌陀佛時無執著阿彌陀佛，而從海底輪，沿著中派，阿彌陀佛的佛號念念升起，緩緩而上。

因佛陀有大慈悲與大願力，具足身、心兩種力量，可以同時除掉身、心的結縛。因此，我們的身體，由內而外具足五個層次——心、氣、脈、身、境，心在阿彌陀佛時，可除掉心的一切障礙；而阿彌陀佛這個念要使它活動，這活動的力量一定是氣。由心而發，依氣而動，從脈而走，安住身中，到境時則無邊擴大。詳細的說，就是現在心安住在阿彌陀佛的大悲願海裡，自然念阿彌陀佛，使氣開往上走，而脈是柔的，佛號充滿其中，如此打開身體三脈七輪所有的脈結。

接著，佛號從整個中脈向外一直擴張到每一個器官、每條血管，乃至每個細胞，而使全身產生共鳴共念阿彌陀佛，然後佛號再從整個身體向外擴張到宇宙，到最後整個宇宙一起共念阿彌陀佛。這時已經不必定在一點，因為宇宙的一切都是在念阿彌陀佛，到最後要收攝時，將一切念、一切光明回歸到自心心輪。

念佛的身語意

念佛，基礎上心要完全憶念阿彌陀佛，語也要隨時隨

地稱誦阿彌陀佛，身則隨時隨地保持清淨柔軟來皈命極樂世界阿彌陀佛。所以要身清淨、語清淨、意清淨，除了清淨外，還要專心一意把整個焦距集中在阿彌陀佛身上。所以身皈命、語皈命、心皈命，心稱念、語稱念、行迴向，到最後念念都是無間的阿彌陀佛，隨口所念皆融入念佛音聲，身所行所為和阿彌佛相攝並受到加持，究竟至身語意和阿彌陀佛的身語意無二無別。你的身就是彌陀所入之身，語是彌陀所幻化出的言，心是彌陀所幻化出的意。你身語意所在即是彌陀所行，隨時隨地安住在念佛三昧的境界。

念佛要身、語、意與彌陀相應為一，以六根而言，即是都攝六根為一如。六根常是攝外六塵為六識，這是心意識不斷執妄的很大原因，所以有人就稱六根為六賊，非但沒有盡到守門護心、豐盛大力的作用，反而賊害自家主人，盜取真如一心而至門內濁亂、妄心紛起，所以，如何使六根清淨呢？就是要了悟六根如幻，根既為幻，所攝六塵亦如幻，六識亦如幻，而根、塵、識皆如幻，即為三輪體空。如此都攝六根即是如幻六根，專憶彌陀、與彌陀相憶。

這裡亦可分為三層意義：一者收攝六根——即頓斷妄

心，會歸一如。二者都攝六根——體即一如，寂滅自住。三者圓攝六根——依如幻起大作用，全用在體、全體作用，寂昭如如。一者為離妄歸真，二者為具體住真，三者為依真起用。

而所謂的一心不亂，淨念相續，念茲在茲亦是同樣之意。從心中湧現、內心深刻對彌陀的信心，再加上發願往生極樂、發願行彌陀行，依此二種因緣，如實地憶念佛、憶念阿彌陀佛。而阿彌陀之願力慈悲無量，亦同時如實地憶念你，兩方如母子相憶，千里傳心，融合無閡，即成是心作佛，即是一心不亂。

此一心即母子純然相念無二，以其為一所以能相續無離無妄而具足清淨，如此無間斷地念佛，阿彌陀果德所示化的淨土就能攝受我們，而我們將妄心息滅，皈命整個阿彌陀佛的身、語、意，自然安然不亂安住在佛心中。以其不亂而成一心，一一相續淨念無斷即是一心，如此以信為因願為緣、憶念一心為道，則能成就阿彌陀的本願，亦成就我們自身彌陀之果德。

以此意總為偈頌：

一心不亂、淨念相續誦：

（一）

甚深仰信因，廣大緣本願，
如實憶念佛，佛憶念如實
相憶子母光，是心能作佛，
成一心不亂，相續如淨念
無間憶念佛，佛果妙攝受，
息妄心皈命，安住恆不動
安養佛心中，不亂成一心，
相續現淨念，本願因道果

（二）

見佛生淨因，信心成實相，
願力佛加持，本誓佛攝受
念佛修精進，不亂緣一心，
淨念無間斷，相續佛心顯
無住念佛心，廣大力用如，
無念憶念佛，現前佛妙境
果地如實佛，佛佛離修證，
淨土現圓成，法性如如證
自他力共圓，佛力一心故，
相續相憶持，同生極樂國

念佛的信願行

念佛法門是一切菩薩的共學,在《大智度論》中曾解說為何佛要說摩訶般若波羅蜜多,是因增長菩薩念佛三昧的緣故。所以智慧之境證得愈大的人,其念佛三昧愈圓滿。悲心愈大的人也是如此,像普賢菩薩三昧境界第一,隨念即佛。所以菩薩所說皆是如來釋迦志,至上善根得,相應於此因緣說法。而且若能細細密密到無間流水三摩地,則定能與法界性合一,與諸佛性合一,所以依持佛力加持,而隨因緣起相應。

一切菩薩皆修淨土行,只是易行道菩薩在淨土中修持度眾,而難行道菩薩在穢土中建立淨土、在穢土中度眾生成佛;其用心是一樣的,只是一個身在淨土中,另一個則開拓淨土;一個是先遣部隊創設環境,另一個是後續的技術工作者,維護莊嚴環境。只因工作性質不同而有所劃分,其實,一切菩薩都是淨土行者,沒有一位菩薩是要離開淨土的。菩薩的共同願力一定都是要圓滿眾生成佛,並且莊嚴諸佛淨土。而莊嚴淨土又有不同景況:「一是在佛土中莊嚴淨土,一是在穢土中建立淨土。」兩者都把功德迴向諸佛淨土,其用意都是一樣的。

　　所以，淨土行和念佛行是每一位菩薩的共行。只是在十方淨土之中拈出一個彌陀淨土，讓眾生有所依歸，這是殊勝中的殊勝，讓大家有個標的可尋。從一切菩薩共行的念佛三昧，做為初、中、後善——最初的方便，中間的修持，最後從念佛三昧證得最究竟的金剛三昧（念佛三昧的極致是金剛三昧），而無一法可得，證得最究竟的實相，就成佛了。這是身在娑婆世間眾生特別的福德，但千萬不能因這特別的福德，反而障住了境界的昇華。這是把菩薩所要證得的一切境界，變成三根普被，一切眾生都可得，但不要有了普被卻反而無法深入，這恐怕就不是淨土法門的真義，也因此辜負彌陀的大慈大悲。

　　念佛法門，首先要有正確的見地，即是念佛要有願、有信、有行。信，是指對阿彌陀佛極樂世界的「淨信」，不是雜染信。這淨是來自佛法的清淨，而佛法的清淨是來自於正見，正見是遠離世間的一切所生起的信。所以淨信是建立在三法印之後的信，是要了知諸行無常、諸法無我、寂靜涅槃；是要了悟性空之後，而能在性空如幻中產生信念，且是金剛不可壞，這才是真正的淨信。

　　因此，淨信不像一般的信仰天國、信仰他神，並非情緒上的信。當然淨信並不是每個人一開始就具足，但絕對

是每一個淨土行人要到的目標。因此，一個淨土行開始仰信阿彌陀佛，必須同時對三法印正信，了知一切性空、無我的正信，也對彌陀教法深信，這兩者要同時證到。如果他不信三法印，那麼所信的阿彌陀佛又是什麼？而如果只信三法印，並不信仰彌陀，那麼當然不是彌陀教法，這又不符合在緣起上彌陀的特別因緣。所以這是彌陀給眾生的方便，使眾生成就迅速的法門。因此修學淨土法門者，必須要有1. 深信三法印；2. 深信阿彌陀佛之悲願，才算具足淨信、正信，即使初始無法圓滿達成，也要向此邁進才是。

至於有些人因特別的因緣，在臨終時受到善知識的教導而守注地得以臨終十念，依彌陀願力到達極樂世界。這是特別的方便，不應成為主要的方式。況且那些人到了極樂世界也仍是在蓮苞中，無法花開見佛，只得在蓮苞中訓練真正的念佛三昧、真正的淨信，經過這之後才能真正進入極樂世界，與諸大善人會聚一處。所以，我們不能只強調方便，現在能了悟佛法、了知淨土的人已經很難得了，應該趕快再加油使自己的淨土行更加提升，千萬不能只讓自己停留在最初的基礎上。

修行淨土要先基於佛法的正見，而信仰的特殊信心則是建立在彌陀的特殊方便上。但是，信仰彌陀的人要了悟

性空,如果沒有性空的體悟,則他的信心會隨因隨緣而動搖,因為其信仰彌陀也是因緣而成就的,所以信心要建立在佛法的正見上。從性空的體會對正見有所了悟,那麼你就會對自己產生無限的信心。基於如幻的基礎,即使別有因緣生起使你在現法上有些搖動,但在體性上你已了悟一切虛幻,所以不會動搖,因而對自己產生信心,勇於做抉擇,結果所生的信心就是對彌陀不壞的信心。因此,依性空而自信,依自信而信彌陀。信彌陀的依、正功德莊嚴不可思議,是修學佛法行人的殊勝方便。

要修學殊勝方便,就要學習和彌陀同樣偉大的願力。因為彌陀的依、正報功德就是來自他不可思議的願力。因彌陀偉大的願力,造成念阿彌陀佛佛號和念其他佛號是不一樣的。其實,體性上一樣;只是在特殊的救度上,你念阿彌陀佛,他就會引導你去極樂淨土。因為他方世界的佛土,某些條件很嚴格,除非是佛和菩薩才能去得。但阿彌陀佛三根普教,只要你憶念他,他就救度你。所以,念佛法門對娑婆世界的眾生有特別殊勝的德用。經典上說若一日、若二日、若三日……乃至若七日,一心不亂念佛,甚至臨終十念,彌陀都能攝受我們。所以了悟從對正法的信念到對彌陀殊勝的信願,這是修習彌陀行的正行。

　　正見的建立到最後還要昇華，昇華到是法念佛、是心作佛的境界。因為彌陀是性空如幻，我也是性空如幻，彌陀願力是不可思議、是大悲，我依性空如幻的緣故、依對彌陀信仰、彌陀力加持的緣故，我能夠生起與彌陀同樣廣大的願力，那麼彌陀能成佛，我也必能是心作佛。我依彌陀法念佛之後，我的心必能作佛與彌陀同等無二，建立的依報世界與他同等無二，救度眾生的方便與他同等無二。何以故？彌陀性空故，我性空故，一切法如幻故，彌陀力加持故，我之善根力故，依止念佛法門的加行力量，具足一切正見而產生念佛不可思議功用。

　　從淨信不斷的修持，我們有殊勝的信心，希望自身能像阿彌陀佛一樣具備力量，而不只是永遠都只要到極樂淨土而已。基本上，修彌陀行的人只是要到彌陀淨土，但真正對彌陀有信心的人，認為自己所發的願必然和彌陀一樣，正行人是會生起這樣殊勝的信心。但別有方便，雖不是彌陀主流，卻也不排除這種方便，例如在此土建立彌陀淨土。但不論是把這穢土當成淨土，或是到極樂世界去，都要了悟彌陀願力的不可思議，這才是最殊勝的信心。我們要和彌陀有同樣願力，依止於彌陀的願力、教化的殊勝，而和他同樣成佛，也救度廣大的眾生。

　　所以，除了信之外還要有願，願自己和彌陀完全一樣，甚至以他的願為根本而發揚光大，救度更廣大的眾生；這才是真正學習阿彌陀佛，不單是信仰阿彌陀佛而已。信仰只是第一層，而信仰的提升一定會產生學習的力量，而且是完全學習的力量，否則你對他的信心是怎麼來的？信心到最後必然是所行所為，都自然而然流露出和彌陀一樣的行為，這樣就變成香光莊嚴裡所談的，如染香人。一天到晚念阿彌陀佛到最後就和阿彌陀佛一樣，你的心念和願力一定和阿彌陀佛一樣，悲心也是如此。起先只是小小的彌陀在你心中生起，但到最後是心作佛，整個變成阿彌陀佛。所以，阿彌陀佛的正行往生西方極樂世界，但彌陀絕對不會棄捨在他方世界弘揚彌陀法的人，他一定也會加持那些人，因為那些人在他方世界當大使，專門辦往彌陀淨土的簽證也很好啊！甚至也可以將自己的廣大誓願定為：我建立十方三世一切佛土像極樂世界一樣，但也不需刻意要把重心轉到他方世界。

　　行——往生西方極樂世界，願——和阿彌陀佛一樣。要往生彌陀淨土得要有正行及所有的福德加行，再來如阿彌陀佛般行一切彌陀行，就宛如阿彌陀佛在觀世音菩薩的頂上，隨時隨地依彌陀的加持在此土行彌陀道，若到淨

土，依然行彌陀道代表示現行化。

所以，念彌陀佛需有信、願、行三大資糧。而信有二層：在究竟義上，要深信三法印——諸行無常、諸法無我、涅槃寂靜。在殊勝方便上，要深信阿彌陀佛之大願大行，能接引眾生往生極樂淨土。此二者相輔相成方能成就彌陀淨土之淨信。願亦有二：一者依止彌陀之願力，願生極樂淨土，與諸大善人會聚一處，接受彌陀的教化。二者，相應彌陀之願力，願與彌陀同願，是心即是彌陀心，彌陀建立莊嚴淨土教化眾生，吾亦當如其行而有救度眾生之願，不管在淨土與否，甚至以彌陀願為根本，更發無上之悲願。

行也有二：一是依彌陀之悲願而行，行往生淨土之道：憶念佛號、長養善根、福德，以為往生資糧。二是行彌陀之行，彌陀行即已行，彌陀因地所修、所具功　圓滿，亦是己之行；成佛之道亦是己久道。

念彌陀佛便須具有如此三大資糧，才是圓滿究竟。

念佛三階

念佛的行序階次可分為三階層。積功累厚即為有力，層層進境有三階；如果有頓然成家者，則三階可為一階，

直趨佛地。

第一階是：「惟佛世尊，是皈依處。」此階全心在佛，只依止歸敬佛，不依他教，心投入倚靠佛世尊。如果念阿彌陀佛即專心依止，視佛為母，是五濁惡世中的慈航，是眾生最上的導師。念佛念佛願生極樂，依佛加持而生信心，虔誠尊仰而趨入佛道。

第二階是：「依佛行法，圓淨菩提。」此階段由心之敬仰開始依教奉行，由信進而發願、修行，而所願所修皆期與彌陀等佛同一行願，皆以彌陀等佛同一大悲，也就是念佛之心，念佛之行，念佛之願，念念與佛之行願相應；滴滴穿石，由模仿而漸漸近似，漸漸同一，漸漸如佛身、如佛行、如佛語、如佛心。如此行路即為菩薩大道，發大菩提心不斷地成就眾生，莊嚴淨土，集佛功德，以圓淨菩提之路。

第三階是：「是心是佛，是心作佛。」此階段乃上一階段之圓滿而成。菩薩行的完成就是從行如佛行、心如佛心之後，圓滿而成是心即是佛心，是心即可作佛。念佛即念己，念彌陀即念自性，彌陀即我，我即彌陀，平等無二，不再有相應不相應之事，已是成佛作祖，與佛同體。

五方便念佛門

　　五方便念佛門傳說為智顗大師所撰，主要在闡述五門念佛方便以及次第。在次第方便上先說明念佛人從淺入深的五個階次，分別為(一)凝心禪，(二)制心禪，(三)體真禪，(四)方便隨緣禪，(五)息二邊分別禪。之後再敘說無深淺的五種念佛圓觀：(一)稱名往生念佛三昧門，(二)觀相滅罪念佛三昧門，(三)諸境唯心念佛三昧門，(四)心境俱離念佛三昧門，(五)性起圓通念佛三昧門。

　　前述的五個階次修習，主要依上天台三止法門變化而來，或許是融攝整理智顗大師的遺意而成。智顗大師在《釋禪波羅蜜》卷三止門中立行法的三止：(一)繫緣，(二)制心止，(三)體真止，與義理的三止：(一)隨緣止，(二)入定止，(三)真性止行，義兩者相對，繫緣隨緣，制心入定，真性體真，這三者應即是(一)凝心禪，(二)制心禪，(三)體真禪三者的濫觴；此外智顗大師在小止觀證果章與摩訶止觀卷三之中，成立了天台有名的三止三觀，即(一)體真止，(二)方便隨緣止，(三)息二邊分別止，此則為五次中的(三)體真禪，(四)方便隨緣禪，(五)息二邊分別禪。體真止二者義同，建立從假入空觀；方便隨緣止為

菩薩的繫緣止，建立從空入假觀；息二邊分別止為中觀止智的建立，制心中道第一義諦中，可會通制心止。由此建立五種念佛禪的次第。

五念佛禪修法方便，是念佛真身為起修；首先行者念佛時，諦觀如來的玉毫金相以為妙緣，心念漸次安住，而至心寂了然洞徹佛身為凝心禪。但由於我等心有妄習，常有紛亂心念，所以心馳散時，則令制止，還歸諦觀如來金相，名為「制心禪」。雖行者經前述修法能得定心佛身，然尚屬事修，不能通達真空之義，並非理觀；所以如實體悟一切本空，到底由誰制心？如此觀察本來無佛亦無憶念與念佛者，現證本然空寂的境界，名為「體真禪」。當證得體真禪之後，猶滯於真諦空寂，不能生出菩薩的微妙智慧，了達法界眾相，所應以無所得為方便，從空入假，迴真會俗，了悟法界眾相，不為空境所惑亂，名為「方便禪」。再者，無論體真或方便禪，皆屬偏執，體真偏空，方便偏有，所以應當諦觀現前中道，本無相貌的中道第一義諦，名為息二邊分別禪。

從前五種念佛禪觀之後，又別開五種圓觀念佛方便。文中以念佛為第一義，所以佛陀為令菩薩增長念佛三昧，故說般若波羅蜜多。而一切眾生從發心修行歷經一切修行

次第，乃至十地菩薩，不離念佛；而證果成佛之後，又特別開啟念佛法門成就眾生，以為微妙清淨第一禪。所以勸勉大家應當了知念佛是易入而深證的廣大法門。

　　這五種圓觀念佛是諸佛的方便開啟；若眾生樂稱諸佛的名號而願往生彼國，則示以稱名往生念佛三昧門；這可以《文殊般若經》的一行三昧為證，眾生若能繫心一佛、心稱念此佛的名號，隨佛的方所，端身正向，若能於一佛念念相續，則能在念中見三世一切諸佛，證得一行三昧。此為「定心稱名念佛法門」。再來有眾生樂觀諸佛佛身，心懼有重障而不能見佛，則示以觀相懺罪念佛三昧門；這可以《大寶積經》中的經證來教示，經中言道：大精進菩薩持著佛畫氈像，進入深山寂靜無人的荒野，展開佛像，在像前端身正坐，正念觀如來相。諦觀如來身相微妙不可思議，又思為何觀佛；此時林神現身，告知若欲觀佛，應當觀於佛像，並觀此像不異如來，是名觀佛。大精進相續觀察中，了知此像為空，佛亦為空，一切法界並皆為空，如此觀如來身，於三七日中成就五通，圓滿不可思議功德，而大精進菩薩即是釋迦牟尼佛的過去生。若有眾生心中迷惑執於外境，則示以諸境唯心念佛三昧門。若眾生妄計因緣心念實有，則示以心境俱離念佛三昧門。而如果眾

生是樂於住甚深寂定中趣向證入無生滅的涅槃境者,則示
以性起圓通念佛三昧門。依不同眾生示念佛三昧,以圓滿
佛果。

念佛之病

念佛法門雖然三根普被,功德弘深,但若不能具足
信、願、行、智,還是不能成就。念佛如果信不誠、願不
具、行不真、智不生,一味的趨易苟簡,自然不能成就念
佛法門往生淨土,是為念佛之病。

「信不誠」是念佛第一病。念佛的人要具足信心,而
信心最主要的是要信佛以及佛的圓滿與佛所成就的淨土
功德;但要建立這樣的信心,必然先要具足自信。自信就
根本而言是對自己能善巧抉擇的心決定生信,依此才能信
自己所修持的淨土法門。如果沒有自信,對自己的信念生
疑,如阿對佛生決定的仰信,對淨土法門淨信不斷?如
此,上焉者,今日信一法門,明日又信另一法門,不能積
久成功,猶豫不決;下焉者,今日信佛,明日信仰他教,
飄疑不定空度一生。

信自己除了自信之外還要信自己的心與佛心並無差
別,都是性空如幻;所以,自己決定能生淨土,最後並如

同諸佛一般就佛果。如果沒有自信，那麼信佛必然不誠，也不能決定自己能往生淨土，對淨土莊嚴也半信半疑，對於因、果也不能確認，那更不可能相信自己將來能成就佛果，並莊嚴淨土。那這樣的信，只是一個階段的心理安慰而已，不是往生淨土的正因，當然以往生淨土。念佛法門，雖然廣大，但也是因果宛然，如果信不淨誠，那應該生真實的懺悔，生決定信，必然能在佛陀的本願攝受下往生。

「願不具」是念佛第二病。有的人對佛的信心有了，但是不肯厭離世間而決定往生淨土。其中有的是自慚形穢不敢往生，有的是三心二意不肯決定往生，這些實在都該檢討反省。如果當下因緣已具而不肯捨棄俗緣決定往生，就是願不具。此外，有人信佛、念佛、往生心願全部具足，但是不肯學佛發願，這雖然往生不一定有障礙，但終究還是不能圓滿諸佛願；因為佛最希望我們能善學於他們。如果我們能與佛同發共願，必能為佛攝受，為佛真子。信佛不敢學佛發願，還是讓人感覺願不具足。

「行不真」是念佛第三病。有些人念佛像在比賽次數或交代公事，草草了事，實在不當。佛攝受我們，是佛的本願；我們念佛，是心誠意敬；所以，我們念佛時並非

向佛交代功課，而是為自己的慧命奮鬥；少念一聲佛，是我們最可怕的損失；念佛心不專注，是我們最要警惕策勵的。有人與佛計較，念了多少佛，卻沒有感應，也沒有佑護，這種念佛人實在可憐。念佛要相續不斷，行、住、坐、臥二六時中，都在念佛而且要攝心專注一心不亂，莫要自欺欺人、自我安慰，一味的將往生的門檻放低；生死事大、無常迅速，往生與否不是我們心想即成的；佛陀雖然慈悲攝受我們，但我們畢竟不能替他決定誰能往生，只有鼓勵自己與他人努力精進念佛，才是回報佛恩的無上法門。

「智不生」是念佛第四病。有些人念佛貪圖感應，執境為實，不能了悟緣起性空的至理；結果將佛當成神一般，又與其他宗教何異？我們念佛要了悟一切現空如幻，所有境界的現起，都是緣生緣滅，淨土也是佛的本願，淨業成就，其實都是如幻。因此，就如同《金剛經》所說「見一切諸相非相」，或如《般舟三昧經》所示「一切境界皆是如幻」，這樣才能在念佛法門上增長。所以，念佛有感應我們應當歡喜，但不可以執著，一天到晚向人宣說，那樣就失去了佛法的智慧了。

「趨易苟簡」是念佛第五病。念佛是生死大事，絕對

不可敷衍了事，如果念佛、事佛，能省則省，省簡則簡，能拖則拖，害死的是自己的法身慧命，跟佛可是無關；必須以至敬大誠，不起分別，以超過照顧父母與自己的心來承事諸佛，如幼兒在深淵念父母的心來念佛。才能免除滑溜、好易、苟簡、交代、敷衍的心。

念佛三昧的功德利益

　　念佛三昧功德廣大無邊，具說如淨土諸經中所示，實在都是不可思議。其實，簡單而言，一切諸佛的本願，如彌陀四十八願、藥師十二大願等，都是念佛三昧的功德利益。念佛三昧能成就世間與出世間一切善法，使眾生現世吉祥，安樂於菩提道上，未來總持佛法成就出世間的成就，最後終成佛果。我們以下簡單臚列念佛三昧的十二種功德利益。

　　一、滅除眾障：佛的智慧、福德功德無量，因此急念佛自能除滅一切重障，何況證得念佛三昧。就如在《觀無量壽經》中說：念佛一聲能滅八十億劫的生死重罪。所以了知念佛功德不可思議。

　　二、佛力加被：念佛一聲即攝入佛願，為佛所憶念，如果能心心不亂相續念佛，就如母子相應，感通互憶，自

然佛力時時加被。

三、**護法佑護**：修習念佛三昧，能為一切天龍八部等佛教的共同護法所護佑，並且將有所憶念佛的特別護法所吉祥擁護。護法都有各自的本願誓向，像在每一部經典都有許多菩薩護法守護流通，就成了該經典的特別護法，而每一尊佛與其淨土，除佛法共同護法外，也都有特別的護法擁護。

四、**智慧增長**：念佛三昧能增長佛智的芽苗，而般若智也能增長念佛三昧；所以佛為增長菩薩的念佛三昧，故說般若波羅蜜多。而念佛三昧能增長我們世間與出世間的一切智慧，到最後亦能圓滿佛智。

五、**莊嚴巍巍**：念佛三昧與佛相應，所以能得到佛陀大莊嚴身的相應加持。從心到身自然而然具足莊嚴，整個身、語、意如染香人身具香氣一般，漸漸的轉成如佛的身、語、意。

六、**決定往生**：證得念佛三昧決定往生淨土，除非行者有特殊的難行願，否則必當攝入佛的本願，與佛同住。

七、**能攝眾法**：念佛三昧成就如佛灌頂，一切智慧、善緣開展，所有未聞、當聞的佛法，必定隨攝成就。

八、**集佛功德**：念佛三昧成就不只會樂集諸佛功德，

且會隨念攝佛功德。因而佛無間相應的緣故，諸佛念念生起的妙德，能夠自然感通，隨順佛願教化眾生、莊嚴淨土。

九、決定不退：現證成就念佛三昧，無生法忍無功用行，不行而到。於佛法中決定永不退轉，此後當然直驅佛果，階及佛地，成就無上菩提。

十、無量光壽：無量光明、無量壽命是阿彌陀佛的特德，以念阿彌陀佛法門者必能成就。但就廣義而言，諸佛皆具無量光壽，只是緣起本願不同，所以有了示現差異。而《文殊般若經》中說：念一佛功德即具無量諸佛功德；所以證得念佛三昧，當然具足無量光壽，只是有無隨願示現而已。

十一、成金剛身：佛具法、報、化三身，念佛三昧成證亦具三身妙因。《觀無量壽經》說：是心是佛，是心作佛；證得念佛三昧，念念心是佛，念念是佛心，是佛心作佛；必當成就佛的金剛心、金剛身。

十二、與佛同證：念佛三昧完全成就即是與佛同證，與所憶念佛，完全等同；這是因現空如幻而由本願淨業所成的緣故。所以，念佛三昧的圓滿境界，即是與佛同願、與願同身、與佛同樣的淨土莊嚴，並具足與佛同等的大慈

大悲、四無畏、十方、十八不共法等。

　　以上是簡述少分念佛三昧的功　利益，而這些利益只有如實修念佛法門的行人，才能親切體悟。

第三章

念佛三昧的修證法軌

一心欲見佛　不自惜身命

時我及眾僧　俱出靈鷲山

——《法華經》如來壽量品

南無　十方三世一切佛

南無　十方三世一切法

南無　十方三世一切僧

一、皈命三寶

皈命十方三世佛	常寂光明住實相
究竟寂滅無所得	體性吉祥自受用
緣起大悲無可住	不壞示現喻金剛
念佛皈命心無間	大恩德王永禮敬
稽首十方三世法	性空實相本寂體
遠離名言諸對待	中道現成不可得
成就無上正菩提	無生無滅無可壞
念法皈命心無間	法爾如法永禮敬
皈命十方三世僧	實相賢聖大寂性
無邊妙行證菩提	因道果如住實相
六度萬行圓四攝	不退究竟金剛心

念僧皈命心無間　　大功德田永禮敬

二、對法眾

無邊法界諸有情　　緣起無德福智悲
曠野生死大恐怖　　如實念佛真安心
心怯無福少威儀　　為示如法眾難聞
憍慢心卑諸惡業　　念佛光觸生吉祥
念佛往生諸淨土　　解脫圓滿了如性
是心作佛心是佛　　無來無去無可得
發心菩薩圓般若　　大悲增長菩提心
十方一切念佛人　　同歸諸佛體性海
念佛增長佛菩提　　無有菩薩離念佛
持名觀相念功德　　實相法身最究竟
念念念佛心不斷　　斯名大悲菩提人
為圓無上菩提果　　法界一切念佛人

三、發心

迴向成佛大菩提　　迴向有情一切眾
迴向真如圓實際　　菩薩發心憶念佛
願如十方三世佛　　利益一切有情眾

圓滿如實大智慧　　大慈大悲悉成就
身放光明遍十方　　破諸黑闇眾無明
圓具如來善名稱　　相好莊嚴無比倫
一切功德法身具　　實相體性無所得
十方三世有情眾　　念佛圓滿悉全佛
實相體性中發心　　無可得中究竟覺

四、正見

念佛三昧心圓滿　　即與如來等無異
體性無妄即大覺　　是心念佛心作佛
身口意淨本無染　　無可得中正念佛
諸佛威力所加持　　如實念佛不可得
以不可得念佛故　　如幻莊嚴無相中
如來性圓如體中　　念念相續自如來
念佛現成三摩地　　自他佛陀亦無得
是名念佛真淨念　　大空法界示全佛
一稱南無佛陀耶　　皆悉圓滿成佛道
法性緣起自清淨　　無礙法爾自解脫
大智念佛無可住　　大悲念佛離生滅
大慈念佛大空樂　　體性念佛不思議

念念念佛佛念我　　佛念念我我念佛
如彼海印自相攝　　相即相入不可得
全佛念佛念全佛　　眾生全佛不可得
大悲現前大念佛　　念佛金剛三摩地

五、修證

1. 持名念佛

菩薩以信大方便　　易行疾至不退轉
能以此身住圓滿　　成證無上正等覺
憶念十方諸佛陀　　聞是佛名生信受
不退無上正等覺　　往昔善根所出生
名稱普聞十方界　　如香流布滅眾惱
光明觸身智無量　　如彼十方諸如來
阿彌陀佛一切佛　　現在十方淨世界
稱名憶念具妙德　　本願如是稱名者
必入無上正等覺　　是故常應憶念佛
過去七佛三世佛　　一切諸佛悉平等
如彼普賢大願王　　廣大成就難思議
持名念佛念念稱　　相續不斷入等持
二六時中定念佛　　念佛三昧能成就

佛法因緣中決定
心性清淨深信力
了諸佛法大悲本
悲心增長得大悲
隨所利益一切眾
自他受用難思議
悲智福德力雙足
如學般若波羅蜜
無礙無相不思議
隨佛方所端身向
念此一佛念念續
乃至十方諸如來
念一佛德無邊量
體性無二不思議
皆乘一如最正覺
法界等無差別相
頓悟自心本清淨
智性本自圓具足
依此圓修最上乘
真如三昧一行禪

菩薩信始淨心地
喜樂自在具精進
於眾生中起悲心
一心好樂佛法中
大悲於眾生慈心
念佛利益法界眾
定心持名念念佛
法界一相緣法界
如法界緣不退壞
身處空閒捨亂意
繫心一佛專持名
念中能見三世佛
一行三昧自成就
念無量佛功德等
等無分別佛法中
盡知恆沙諸如來
一念平等了諸法
元無煩惱亦無漏
此心即佛自無異
亦名如來清淨禪

2.觀相念佛

觀像

行人初習觀佛像　諦觀相好了了明
先觀頂髻、眉白毫　下至於足還觀頂
一心憶持還靜處　心眼觀相心不動
繫念在相無他念　至心念佛佛念之
如意得見心觀察　得觀像定自成就
〈我亦不往像無來　心定相住故得見〉

觀生（應）身

如實思惟心了悟　進觀生身得見佛
觀佛安坐菩提樹　光明顯照無比倫
三十二相八十好　賢聖圍繞眾供養
如實現觀得成就　心想得住即見佛

觀十方佛、三世佛

憶念十方諸佛陀　隨彼方所得現觀
如觀東方廓明淨　光明相好了了然
繫念在佛無異念　現觀如實心悅然
如是更增十佛陀　明見更增百千佛
如是乃至無邊際　諸佛光明恆相接
心眼觀察得明現　迴觀四方與四隅

上下十方皆如是　　端坐總觀十方佛
一念所緣周匝見　　定中諸佛為說法
三世如來亦如是　　一念得見諸佛陀

觀報身佛

明空清淨法性中　　現觀莊嚴佛報身
身相廣大無量光　　圓具八萬四千相
相具八萬四千佛　　遍照法界難思議
觀佛無盡三昧海　　無相體性現圓滿
如彼極樂實報土　　無量壽佛真身觀

3. 念功德法身佛

佛慧功德難思議　　具足無量不共法
觀佛功德妙法身　　念佛三昧證圓滿
如來十號圓十力　　四無礙智四無畏
十八不共大慈悲　　四十不共百四十
五分法身恆憶念　　念念諸佛妙法身

4. 實相念佛

直觀五蘊生身等　　功德緣起一切相
畢竟空寂不可得　　極無自性如本然
遠離二邊住中道　　法爾無生亦無滅
體性無縛無解脫　　無憶念故名念佛

甚深清淨心無住　心識處滅言說盡
常斷來去一異別　內外無得實相中
空無所有淨無為　婬怒癡法即實相
煩惱涅槃不可得　諸佛眾生極平等
無初無後無中間　畢竟空相無罣礙
常興大悲度一切　無可度者行眾善
全佛無得能現成　圓頓念佛本三昧
實相法界體性中　念佛三昧誰無得
念念無妄自實相　現成金剛喻三昧
廣大受用海印定　大悲出興首楞嚴
遊戲王海勤念佛　實相憶念如體性
南無諸佛本寂體　法爾圓滿實相中

六、迴向

念佛三昧大圓滿　實相如來同寂滅
如法修證大迴向　諸佛歡喜賜吉祥
淨土勝嚴少病惱　眾生易度皆成佛
願佛恆念佛子眾　圓成法界最清淨
究竟菩提咸感得　全佛念佛實相界
法界燈明念佛心　念佛三昧佛念我

佛力念佛三昧力　　自善根力共迴向

國土圓淨無災障　　眾生安樂行菩提

五大災難及人禍　　永銷寂滅大吉祥

世出世財如泉湧　　悲智菩提不退轉

念佛三昧念佛心　　全佛成就心念佛

佛佛平等無盡燈　　傳承永續示圓滿

第四章

皈命三寶與對法眾

1 皈命三寶

一心欲見佛　　不自惜身命
時我及眾僧　　俱出靈鷲山

這首偈是《法華經》〈如來壽量品〉，釋迦牟尼佛所宣說的。

佛在《法華經》裡面宣說如來壽命無量，他示現涅槃是因為眾生的緣故，眾生需要他示現涅槃才能夠增長，才能夠努力，否則一天到晚看到佛，就覺得沒有甚麼，也不會珍惜。

佛陀年紀大了，很多人嫌他老和尚到處亂管，大概老糊塗了。佛陀滅度時，六群比丘（佛在世時，有惡比丘六人，結黨多作非威儀之事，稱為六群比丘。）還額手稱慶，以後沒有人管了。

人活在世間總是這樣子，如果心念不能夠保持在當下，老是被過去，現在，未來的事情所牽涉住。站在一個地方看，事情永遠是在東西南北上下，永遠不會在中間。

每個人總是感覺別人對你不公平，而且算不公平的地方，永遠是人家對你不公平處，超過公平的地方永遠不算。

所有的話都是這樣，你怎麼老是站在我右邊？你怎麼老是站在我左邊、南邊、西邊？佛陀總是走過來，他站在我右邊不對，應該站在我左邊。等佛陀站在我左邊時，又抱怨他為什麼站在我左邊。事情永遠是這樣，心念落在過去、現在、未來，老是會不平。佛陀沒有辦法，所以示現涅槃，大家輕鬆一點。涅槃之後，大家就感覺到佛陀來多好，希望佛陀不要走。

佛陀留下這些話：「如來壽量無邊，靈山淨土，宛然未散。」但是不見者自不見。為什麼？心中不平見不到。佛說：「一心欲見佛，不自惜身命，時我及眾僧，俱出靈鷲山。」誰看得到他？智者大師看得到。大家看得到嗎？看看你們是不是智者大師囉！有一些人自甘下劣說：「我那裡敢是智者大師。」你不必敢是智者大師，但是總可以修成那個樣子吧。前面兩句「一心欲見佛，不自惜身命」最重要。大家總是要最後這兩句「時我及眾僧，俱出靈鷲山」。大家都不要做前面兩句，都不想付出條件，都是要結果。希望這句話打開大家心裡面念佛的那一扇門，是心是佛，是心作佛。

這次我們要講的念佛法門有兩個特點，第一個是不以阿彌陀佛為中心，而是以一切佛為中心。第二個是把所有的念佛法門作一個介紹，而且讓大家真實修證，次第轉深。

請大家合掌稱念：

南無十方三世一切佛

南無十方三世一切法

南無十方三世一切僧

何謂十方三世一切佛　過去佛無量無邊，現在佛無量無邊，未來佛無量無邊。你們檢點自心是不是有菩提心呢？　如果發起菩提心，你們墮入佛數。所以說墮入十方三世一切佛眾。十方三世一切法，一切諸法能夠增長菩提者，即是一切妙法。我們所行一切，能夠善增長微妙，能夠如空圓滿成證菩提，這是一切法。僧者，賢聖眾，能夠增長一切賢聖，使百法增長，淨法增長，是名僧眾。所以我們當善巧成為十方三世一切僧。

皈依佛

皈命十方三世佛　常寂光明住實相

究竟寂滅無所得　體性吉祥自受用

緣起大悲無可住　　不壞示現喻金剛
念佛皈命心無間　　大恩德王永禮敬

皈命十方三世一切如來，過去佛如世自在王如來、如然燈佛、如過去七佛。過去佛陀無量無邊　已圓滿證得。現在佛如藥師佛、如阿閦佛，現在佛十方世界無量無邊，未來佛如彌勒佛、如獅子吼佛、如賢劫未來諸佛、如一切功德山王如來，無量無邊諸佛，我等盡皈命。

一切諸佛體性，依何而起？依常寂光明實相而起。什麼是法界實相？法界實相現空，所以能觀現空，因為我們的般若觀故。般若亦空，實相亦空。一切皆空，空者亦空，不可得。不可得故，常寂滅。光明是遮黑暗，常寂光明遠離黑暗、光明二相，一切究竟寂滅不可得。

常寂光明住實相，法界實相，究竟寂滅無所得。因無所得故，但是法界明明白白，一切如如之相現前，體性吉祥自受用，大樂相續不斷，能現起圓滿報身，成就自受用、他受用。自受用自歡喜、自空樂。他受用，為一切登地上的菩薩來宣　微妙法門，以大悲故救度法界一切眾生。

以首楞嚴三昧為理，於一切法界當中，無邊救度，如是滅度一切眾生，而實無眾生得滅度者。這是緣起大悲無

住的實相，如同金剛不壞的示現，在十方三世法界當中，摧碎一切煩惱，使一切煩惱碎為塵粉，碎為如空，碎為實相。一切煩惱本實相故，所以煩惱涅槃雙不可得。

　　我們有這樣的體會，有這樣的悟，所以說：「念佛皈命心無間。」依這樣的心來憶念十方三世一切諸佛，念佛皈命，心念無間相續，念念念佛，念念誠敬，念念清淨，念念實相，念念究竟，念念常寂光明，念念究竟無所得，念念自吉祥，念念自受用大樂。無間之心，即是無住，心無可住，所以說輪迴相不可得，涅槃相亦不可得。我們能夠了悟此是因諸佛故，所以「大恩德王永禮敬」，這是皈命念佛。

皈依法

　　稽首十方三世法　　性空實相本寂體
　　遠離名言諸對待　　中道現成不可得
　　成就無上正菩提　　無生無滅無可壞
　　念法皈命心無間　　法爾如法永禮敬

　　法爾如法，一切法是如法，是法爾如是。所有的忐忑不安，所有的恐懼，所有的顛倒夢想，是在清淨相當中妄生染執而起，而染執亦不可得。所以說一切煩惱相，一

切塵惱，一切諸蓋，根本是不可得。我們現在稽首十方三世一切善妙佛法，能夠讓我們依止菩提，皈命菩提，究竟菩提者。進入究竟菩提，實無菩提可得。諸佛無有一法可得，才得無上正等正覺。諸佛無有一法可得，究竟之妙法，究竟之法，是無一法可得，十方三世一切法的究竟是無任何一法可得。知諸佛常不　法者，是名俱足多聞，是法性常寂之意，性空實相本寂之體性。

　　一切法依何而起？依眾生心而起。眾生無心故，法亦不可得，這是實相。佛說一切法，為度一切心，我無一切心，何用一切法？心心法法，以何而起？以心而起。有法對治，心滅故，法寂滅性，這叫做法，這亦是法，這也是究竟的無可得法。本寂之體性，遠離一切名言對待，法非名言，法何以故稱為「名言」？

　　何以故稱為「如是我聞，一時佛在何處說法…」這是緣起，遠離一切名言，遠離一切對待。因性空故，可以立一切名言對待，而能夠遠離一切名言，一切對待；遠離一切文字相，而能夠現種種文字相。能夠究竟使我們依止這樣的法來得成就，所以心中有染著，有一法可得，執持這一法為金剛性，要破一切的話，這個心念本身，一心是可壞之處，不空、不寂、不滅。一個大成就者　心中是沒有

任何染執二法的執著，只是隨緣。

古代禪者有一個故事，一羣禪者研究一根拐杖的作用，有些人說它可以撥草尋蛇，有些人說爬山時可以使用，走路時可以拄著拐杖幫助走路等等，好多好多的作用。這時一個禪師就站起來，二話不說，拿了那根拐杖，咚咚咚就走了。

但，睡覺時要不要抱著那根拐杖呢？有一個國王有一頂很漂亮的皇冠，大家見到皇冠，都得向他頂禮，很尊敬他。他認為那一頂皇冠是最重要的東西，每天睡覺時戴著那頂皇冠，皇冠很重，他後來得了大頭症死掉了。以上的故事純屬虛構。希望諸位不要得了大頭法，心裡面一個大心法，大得把自己的心臟壓壞了。

遠離名言對待，能夠隨方解縛。佛法是中道現成，遠離有無對待，中道現成無可得之相。它能夠讓我們成就無上正等菩提。

我們在爬山攻頂的過程，先爬到海拔三千公尺處的山莊，肚子很餓，沒有體力。喝了些熱湯，吃了些食品，體力恢復，覺得熱湯與食品是幫助爬山的好東西，就把它們帶在身上。爬到海拔四千公尺處，又吃到其他的東西，感覺更好。又有一個壁爐保持溫暖，就把其他的食品與壁爐

也帶上去。這個人不僅得爬到山頂，還必須把山頂剷平才擺得下這些東西，他爬得上去嗎？恐怕在攻頂之前就已經體力耗盡圓寂了。

要成就無上正等正覺、要能得，先要能捨。沒有把過去的事拋棄，當個新鮮人，老是覺得自己過去很了不起，現在就沒有辦法重生。我過去曾當過一隻很了不起的螞蟻，每次搬東西都是第一名，東西也吃得很多，在所有螞蟻中，個子最大，其他強壯的螞蟻都還只有我身體的一半而已。後來被一隻狗身上的蝨子壓死，於是發願當蝨子。

當蝨子在狗游泳的時候，被淹死了，就發願當魚。當魚被熊打死吃掉，後來發願當熊。沒有想到現在熊已經瀕臨絕種。後來想當人，人作惡多端，兩三百年後也將瀕臨絕種。現在在想，下次要當什麼？諸位有什麼建議？當狗是不行的，現在的狗都很嬌貴屬於「貴賓狗」之流，沒有人養可怎麼辦？當貓，太難了，貓都養得太胖了。當老虎會被捕去熬虎膠，我看當蚯蚓算了，還可以唱歌。還可以當鬼，人會怕我。可是有個問題，人常常用符咒抓鬼去養，實在是難當。

沒有關係，我們還是用心修法，當狗把狗當好，當豬把豬當好，當蝨子把蝨子當好，當螞蟻把螞蟻當好，這

個叫做無上菩提的正確方向。釋迦摩尼佛累生當過孔雀、鵝王、象王，各種動物，他後來都可以成佛，我為什麼不能？我就不相信釋迦摩尼佛當孔雀時比我當人時還聰明。你相信嗎？可能有人真的相信哩！釋迦摩尼佛當的孔雀有金色羽毛，你有嗎？我是沒有，我有金色羽毛怎麼辦？去那裡呢？在日本就會被送到上野的動物園。

成就無上正等菩提。剛剛跟大家講到好好當螞蟻的方法，因為我善於當螞蟻，心中無住，所以現在活得快樂自在。我不會擔心過去當螞蟻時表演得不好。你會擔心自己的過去嗎？小時候當弟弟當不好，或是當姊姊當不好，當妹妹當不好，當哥哥當不好，當兒子當不好。當高中生當得好不好？當大學生當得好不好？有人說：「我當大二生當得多好啊，後來大三就當不好了。我小學時書讀得多好，後來國中一年級時就讀不好了。」

各位，不要擔心過去當兒子當得好不好，而要反省自己現在當爸爸、媽媽當得好不好。這一條路走下來是無上菩提路，我們要做的不是去反省、悔恨過去當得好不好，不是去自傲當得好，或是悔恨沒當好，而是如實觀察：我們現在既然是這樣子，我們如何當好？但是無所住，是不是？成就無上正等正覺，也就是成就圓滿的如來。

　　可惜現在「無上正等正覺」，都被當成佛學名詞，它是摸不到，聞不到，看不到。如果人家跟你講無上正等菩提，告訴你要成佛，你知道他講什麼嗎？但這種機會也很少，因為大部份的人不敢大膽告訴你要成佛，只教你念佛，念佛也不要好好念，要念少一點，還不能用高明的方法，只能持名念佛。會不會這樣子呢？有些地方是這樣子的，並不是說每一處都如此。真正修行念佛是什麼時候念呢？就是現在、當下。

　　修行沒有人要作夢，不能作夢，作顛倒夢想的夢。修行不是一場夢，是一個事實。修行很可能是一個很可怕的事實，也很可能是一個很歡喜的事實，但是不管是可怕或歡喜，這就是你，就是緣起。是不是如此呢？

　　我們要很清楚，修行是活在現實，要革除貪、瞋、癡、慢、疑。

　　為什麼念佛？念佛是有用的，但是這種有用卻不能執著。

　　沒有用的話，做它作什麼呢？如果你是貪執有用而不知道空性的話，那跟外道有什麼差別？這麼現實的東西，可以聞得到，可以嗅得到，可以看得到，為什麼要講成幻想、夢想？把所有的夢拿掉，成就無上的正等菩提。在這裡，無

生無滅不是「有一個無生無滅」，是這裡叫做無生無滅，它是不可壞的。為何不可壞？性空的緣故。你們要看得到，要受用得到，不要再作夢，好好的活著。你活得好不好呢？

一個先生告訴我說他活得不好。我說：「你這位先生實在很不會活。」好好的活在現在，這是修行者唯一不能夠不清楚、不這麼做的。因為他只有現在，連活在現在也不能執著，但是要清清楚楚的活在現在。

我們了見這樣的法，憶念法，隨時隨地憶念著正法，這在我們修行無間能夠活在當下的法，無間的相續，清清楚楚、明明白白的無間的法。在法爾當中，如法的生活，我們永遠如法的禮敬這一切真實的法。

皈依僧

皈命十方三世僧　　實相賢聖大寂性
無邊妙行證菩提　　因道果如住實相
六度萬行圓四攝　　不退究竟金剛心
念僧皈命心無間　　大功德田永禮敬

我們現在皈命十方三世的賢聖僧。僧者，眾也，依佛陀的教法而行實踐真理的團體，稱為僧。僧寶中有所謂的「究竟僧」，是屬於賢聖眾，悟得正法的僧眾，了悟實相

的賢聖。他們了悟了。這僧也是大寂之體性，是寂滅之體性。他們以無邊妙行來證得菩提。

我們要知道，自己要修習成為僧寶，以無邊妙行來證得菩提，來幫助一切眾生。無論在家或出家，但是至少都要能發心。在《維摩詰經》裡面，發心是什麼？你真正發心就是發了無上正等正覺之心。這也算是出家，法出家是出三界的家。你發菩提心，有沒有出家？所以說這樣去體會，所以我們要以無邊妙行來證得正等菩提。

因、道、果是真如，安住於實相之中。我們行六度，行布施度，有錢出錢，沒錢出「話」。對不對？台灣的俗諺說得好：「到話，話燒，要話燒，不要話冷 」（台語），意思就是說要隨喜人家的功德，不要給人潑冷水。我們講如實的話，所以說隨喜功德。這算不算布施呢？

當別人做得好時，為別人鼓勵兩句「好！好！好！做得好！」這不是很好嗎？

有的朋友感歎：「現在大家都是陰謀論，認為只要你做好事情，一定有問題，因為世間沒有這種好人。」那不是在罵自己嗎？

所以對別人做好事，去隨喜它是一種布施。有錢出錢，沒錢出力，對不對？當有人心情不好，講佛法給他

聽，是法布施啊！結果，大部份的人很可憐，不只自己捨不得布施別人，連布施給自己都捨不得。自己心裡不好時，越想越不好，一定是別人對我不好，人家這麼做，侵犯了我的尊嚴，有問題。不僅自己不跟自己講好話，還加油添醋，想到那人有多壞，有多少對不起自己的地方…自己心裏吵來吵去。

我們這樣對自己，是不是太殘忍了？我們成了自己的惡友，就是自己的小人，搧風點火的小人，點得很大。我們要當自己的善友，對自己講一些真正的好話，光明的好話，布施自己一些慈悲心、善心。不要對自己那麼吝嗇，讓自己好難過。生活已經夠苦了，工作那麼多，薪水那麼少，然後又要讓自己那麼難過，實在是太對不起自己了。

我們要布施，有錢布施錢，沒有錢至少要布施法，讓別人高興，讓別人沒有恐懼，讓大家安心。

布施，愛語，利行，同事，這是菩薩四種攝受眾生的方法。愛語是講好聽的話，不是討好別人的話。幫助別人去做事情。布施，持戒，忍辱，精進，禪定，智慧是六種菩薩到達涅槃彼岸的方法，我們用六度萬行圓滿四攝。在究竟的金剛心裡面，永不退轉。我們念僧皈命心無間，這是眾生的大功德田，我們要永遠禮敬。

2 對法眾——
修學念佛三昧的對象

無邊法界諸有情　　緣起無德福智悲
曠野生死大恐怖　　如實念佛真安心

這是念佛三昧的對法眾。誰來修念佛三昧呢？「無邊
法界諸有情」，一切眾生都要學念佛三昧。「緣起無德
福智悲」，由於缺乏福德、智慧與慈悲，而要修學念佛三
。我不是說諸位，修學念佛三昧的人不一定是這樣子。
但如果是這樣子，我也不會覺得意外，因為我自己就是這
樣子的。無邊法界一切有情，在緣起上他沒有德、沒有
福、沒有智慧、沒有悲憫心，無法現成如來。

「曠野生死大恐怖，如實念佛真安心。」在曠野生死
當中，生起大恐怖心。以前的旅客常常碰到強盜。前幾
年我到印度朝聖，上靈鷲山時，旁邊都有警察陪著。我們
上次去，他們沒有拿槍。很早以前我去印度朝聖時，這些
警察都帶著槍枝，背著長槍。因為當地有土匪，半路上有

時會有土匪出沒搶劫。古代土匪更厲害，常常發生這種狀況。

以前的修行人沒錢可搶，但是出家眾比丘常在阿蘭若處打坐。當人的心思很寂靜時，即使是微細的心念也會非常清楚，靜坐就像一種擴音器，會把心裡的聲音擴大好幾倍。坐了一陣子，覺得有點恐怖，聽到奇怪的聲音。如果說你沒有打坐也就算了。不知道是什麼聲音，但是一個人坐在那邊，越想越怕。就趕快畫一個曼陀羅，請不動明王在那裡坐鎮。

還是怕，怎麼辦？再多畫好幾尊，最後畫得滿滿的，就變成曼陀羅了。有護法壇城守護，坐了才安心。修行人與在曠野走路的商人，對生死看不破，沒有德、福、智、悲。真正看破也就算了，不會恐懼。沒有辦法時怎麼辦？就教他們念佛安心。這是最初始的法門。

心怯無福少威儀　　為示如法眾難聞
驕慢心卑諸惡業　　念佛光觸生吉祥

還有一種人是他心裡卑怯，很畏縮，沒有自信心，沒有福德，缺少威儀。這時他想講法，別人也不想聽，「心怯無福少威儀」，沒有福德，沒有威儀。還有一種剛好相反，是「驕慢心卑諸惡業」　心裡面很自卑的人，在外面

才會顯出狂暴。前天的電視新聞不是報導一位黑道的副議長被逮捕嗎？ 被抓時，他在叫什麼？看了有恍如隔世的感覺。他叫說：「我是冤枉的啊！這是政治迫害啊！」那種聲音，喊得很悲悽。他幾歲？他才四十歲，但是看起來好像老人。我母親問 ：「他幾歲？看起來那麼老。」我答說：「才四十歲，與我差不多。」看了那則新聞，我覺得自己很年輕。

你會發覺他平常拿著衝鋒槍，那種威風，和現在這種情境相較之下，簡直判若二人。他喊得那麼悲切，跟人家念佛悲切的聲音蠻類似的。實在是很奇怪，竟然能喊出那種聲音，我很佩服他的骨氣。

很多人平常非常驕慢，為什麼那麼狂暴？就是以前沒有抓到權力，現在忽然有權力了，以前沒有錢，現在變"田僑仔"（閩南語，指貧窮的農民所擁有的農地，因都市計畫，農地重劃為建築用地，土地價值暴增，因此農民一夕之間致富，此句通常含有『暴發戶』的意思）。台灣這類人特別多。「心卑怯，作諸惡業」即自卑又自大，心中扭曲，造諸惡業。心情很平和的人，在高位或財富具足時並不會驕傲，沒錢當乞丐也很有尊嚴。哪天應該帶大家到一個陌生的國度去托缽。日本有一個道場，是專門供國

際人士修禪的地方。修行者到了那兒，住持就拿著一個缽交給他，原來是要讓他去托缽。這或許是蠻好的訓練。

念佛時，佛的光明會觸到我們的身體，生起種種吉祥。大家有沒有念佛的光明觸身？以後去體會吧！光明觸身是有感覺的，但是大家不要聽我這麼說，就產生這種感覺。這是你的神經系統指揮出來的感覺，跟光明觸身沒有關係。眾生都可以修念佛，我們要具足威儀，在生死曠野中有恐怖時要念佛，一切惡業都可以用念佛來消融。

念佛往生諸淨土　　解脫圓滿了如性

是心作佛心是佛　　無來無去無可得

有些人念佛是為了往生一切淨土，是不是？目前許多人都如此，往生淨土後能夠解脫圓滿，了達如性，真如的體性，原來是心作佛，是心是佛。他們了解這樣的義理，就證悟諸佛是如來，如來者，無來無去，一切無可得，無所從來，亦無所從去，這是念佛的一類人。

發心菩薩圓般若　　大悲增長菩提心

十方一切念佛人　　同歸諸佛體性海

修菩薩行的人，發心或不發心菩薩，圓滿般若波羅蜜。剛剛說到，《大智度論》說為何要講般若波羅蜜？是為了增長菩薩念佛三昧。

修般若波羅蜜時，念佛三昧會增長。修念佛三昧增長時，般若波羅蜜也會增長。它們是相互映照的。我們要修大悲，增長菩提心，佛的大悲力量會加持我們，使我們成就大悲。念佛時要跟佛心相應，跟佛大悲心相應，大悲增長我們的菩提心。

十方的一切念佛人，不是只有口唸名號，念佛最重要的是「心憶念」。念是「今心」，是當下的心，當下的念頭，當下的心念，不是只有口誦。

我常開玩笑說，有一個孩子跟你說：「我很思念我爸爸。」你問他：「如何思念你爸爸？」他說：「我有時候唸他的名字。」你就說：「唸他的名字就代表思念你爸爸嗎？不是吧！」堅持只能持名念佛的人，就好像規定只能夠唸爸爸的名字才是想念爸爸，這樣對嗎？不是的，他可以這樣一直持名，但是不能夠只是這樣子，如果有口無心，和錄音機沒有兩樣。

你現在開始想你爸爸強壯勇敢的樣子，心裡就會得到平安。有時候唸它名字，心裡就會平安。想到他強壯的樣子，心裡也會平安。　想起他曾做過那些事情，他很豪邁英勇，慷慨好義，這是他的內容，他做過的事情，想你爸爸的智慧等等，這些都是憶念的方法，念佛就是如此。

念佛增長佛菩提　　無有菩薩離念佛
持名觀相念功德　　實相法身最究竟
念念念佛心不斷　　斯名大悲菩提人

菩薩要憶念佛，因為佛是菩薩學習的對象。

菩薩帶領一切眾生跟如來，所以對佛要很清楚明白，否則要帶人家去那裏也不知道。

十方一切念佛的人要同歸諸佛體性之海，從念佛增長佛法、佛陀的菩提。無有菩薩不念佛的，沒有菩薩遠離念佛的。不念佛的菩薩是很奇怪的，他要帶眾生到那裡去？所以菩薩一定是憶念如來的。

念佛的內容有那些呢？有「持名觀相念功德，實相法身最究竟。」持名念佛，觀相念佛，念功德法身，實相法身最究竟。

我們要怎麼念佛？「念念念佛心不斷」，每一念憶念佛心不斷，這樣子叫大悲菩提。我們念佛，上與十方諸佛同一慈力，下與一切眾生同一悲仰，是觀世音菩薩所證得的。念佛是什麼，是得到諸佛菩提地的加持，得到諸佛大悲的加持。這樣子的話，我們去度眾生有沒有力量？因為性空的緣故，念佛生起諸佛大悲菩提力，能夠廣度一切眾生。所以念佛是一種大悲力，是一種慈悲。

想到這裡，我就感到很慚愧，我念佛有時候還不夠勇猛精進。有時在做某些事情時，會想到不要為了這些小事情去麻煩佛陀，自己處理掉就好了。有時處理得很累。這樣對嗎？剛剛才想到，以前會認為不要麻煩佛陀，可能受到古德的影響。

像密勒日巴祖師年紀大了，弟子要他修法延壽。他說：「這不對啊，如果是為了眾生的緣故把佛陀請下來還可以，如果是為了自己延命長壽把佛陀請下來，這也許不對啊。」就像把總統隨便請到一個地方去，這也許不對。我有時候處理事情，只用自己的心力處理，這樣是不是也不夠圓滿？可能要想清楚，應該讓諸佛的威力更廣大，讓諸佛的大悲來行持吧。「念念念佛心不斷」，這樣子來產生大悲菩提之人。

我在寫這些偈頌時，有時自己會反省自身，也得到了加持。記得當時為了講授念佛三昧，前一天晚上到十點鐘時，腦子裡還是一片空白，不知道要怎麼辦才好。後來寫到半夜，總算寫完了，但是不能去睡覺。為什麼？因為要傳給學生打字，卻傳真不出去，傳到早上六點多才把偈頌傳出去，學生幫忙打字，才能順利印給大家。

寫這些偈頌很不容易，要花很多精力，可以用四個字

來形容「憚盡精慮」。寫偈頌時，一方面覺得很高興把它寫出來，一方面也覺得人生為什麼有這麼苦的事情？寫完之後，自己看一看，覺得很歡喜，因為自己覺得很受用。像剛剛這一句話，自己得到反省，自己得到增長。

修行的過程，努力奮鬥的話，其實好苦，但是很歡喜。這苦沒有任何後悔的意思。有時候匍匐前進，有時候翻滾，一步一步走下來，有時看到遍地都是血，總是走過來了。自己深受佛恩，也沒有什麼好計較的。深受佛恩當然就希望把自己所知道的供養給大家，希望大家能夠受用，能夠把廣大的佛菩提給一切眾生，這也是我目前想在世間上繼續做一些事情的唯一理由。

為圓無上菩提果　　法界一切念佛人

為了圓滿無上菩提的果德，法界一切念佛人都是我們對法的眾生，我們都希望一切眾生能夠修持念佛三昧成就。

第五章

正確的發心與觀念

1 修學念佛三昧的發心

迴向成佛大菩提　　迴向有情一切眾
迴向真如圓實際　　菩薩發心憶念佛

前三句是我認為一切修行人所要圓具的。

第一是迴向成佛菩提，第二是迴向有情眾生，第三是迴向真如實際。

第一個是上迴向，迴向十方三世一切諸佛，上與十方諸佛同一慈力。第二個迴向有情一切眾，下與一切眾生同一悲仰，迴向一切有情。一個菩提薩埵所發心就是上下雙迴向，上迴向一切諸佛，下迴向一切眾生。以自身來做為行道者，來做為金剛薩埵，上承諸佛，下化一切眾生。所以說我們是性空者。金剛薩埵是什麼呢？它是佛的教化身，法身如來的教化身。

法付法子，法王無事。法子是金剛薩埵，法王是佛。法王成佛，他體性不動。法子來承受他的威力，來教化眾生，所以是金剛薩埵。金剛薩埵不是一尊，而是佛旁邊的一切教化菩薩。所以金剛薩埵可以是普賢，金剛薩埵可以

是文殊，金剛薩埵可以是觀世音菩薩，金剛薩埵可以是大勢至菩薩，可以是日光菩薩，可以是月光菩薩，可以是彌勒菩薩。

教化一切眾生成佛者都叫做金剛薩埵。「薩埵」是指有情，摩訶菩埵是大有情，強烈的光明，具有光明、力量、熱情，金剛是不壞者。幫助眾生成佛的強烈驅力，形成相續無間的熱情、光明，使金剛體性不壞，這就是成佛的力量。

二乘之所以不能成佛，因為他們沒有這種熱情。他止息了，他涅槃了。諸位聽受念佛三昧的大眾，就是金剛薩埵，我們要迴向成佛菩提，上承一切諸佛教化，我們迴向一切有情眾生，圓滿同佛。第三迴向真如實際。迴向成佛菩提是果位普賢，迴向有情眾生是因位普賢，金剛薩埵是道位的普賢，因、道、果圓滿。

果位普賢就是如來。因位普賢就是眾生，心具佛性的薩埵。中間是金剛薩埵、是覺有情，是道位的六牙巨象普賢，密教是金剛薩埵。一切菩薩所行就叫做普賢行，一切秘密行也叫金剛薩埵行。在密教的傳法裡面，大部分是用相來傳，這就是什麼，那就是什麼。但是在《金剛經》中說：這就是什麼，也可以不是什麼，也可以是什麼。因為

體性如幻。釋迦牟尼佛是釋迦牟尼佛，而普賢菩薩有辦法化成釋迦牟尼佛嗎？或許這一尊釋迦牟尼佛是普賢菩薩幻化的，釋迦牟尼佛是不是可以化成藥師如來呢？這是我們可以思惟的。

在修持禪定的過程中，善根發相有兩種。一種是報因發相，一種是習因發相。報因發相是相發相，譬如說你過去持戒，現在忽然在定中看到自己穿著清淨的服裝，很漂亮，很乾淨，這代表什麼？這代表你的業清淨了。忽然看到自己有很多的珍寶，是自己過去所布施的，這是屬於報因發相。

另外一種是習因發相。習是習氣、習慣。忽然之間一個小氣鬼發現自己很喜歡布施，以前口袋比較深，伸手掏東西時得多花五秒鐘。拉出來時多十秒鐘，付錢時也就慢了十秒鐘，當然機會大減。平時比較慳吝，有一天忽然變了，布施心增長。有的人平時很嚴肅、很緊張，以前都不會笑的，不知道那兩條肌肉被釘子釘住了，忽然變得和藹可親。這是屬於習因發相。

「報因發相」有一個特質，就是起來就沒有了，它如果一天到晚出現，可能有問題，可能是魔擾。「習因發相」是不是你這個心發起來就變成你的習慣呢？基本上

習因發相是比報因發相好的。我們看念佛，念佛的相與念佛的法身。法身是佛的好的殊勝的智慧，佛的法，佛的成就。念佛的功德法身是不是比念佛的外相身還究竟？在龍樹論裡面是這麼講的。為什麼？一個是屬於你的生命習慣，一個是屬於相而已。所以這裡面所談的我們都知道，原來我們要把整個心性轉換，比外相成就可能更難、更深遠。

我希望大家在這裡有個體會，人家都說：「江山易改，本性難移。」但是佛法就是專門來改變你的本性、你的個性。當你在修學佛法，你的心如果改變了，就代表它已經深入到你的生命內層，這影響是很深遠的。所以說從現在開始，我們要具足金剛薩埵的習氣，不壞的習氣。讓佛的法身，功德法身注入我們的心中，這樣子就成了金剛薩埵。如此自然會具足佛的相好。

我們迴向成佛菩提，迴向有情眾生，迴向真如實際，真如實際使我們體性裡面一切現空，完全了悟，我們要具足空的習氣，到最後把空的習氣也斷掉。先有空的習氣，有空的習氣的人碰到事情不會執著，他甚至不會想到「無我」，遇事還需要想到無我就來不及了。看到東西，拿起來再想到無我，已經來不及了。他開始時就已經無我了，

手就不會伸出去，他這時候再想到無我，還不錯。念佛就是憶念佛陀，跟佛同樣的，有佛的智慧習氣。

願如十方三世佛	利益一切有情眾
圓滿如實大智慧	大慈大悲悉成就
身放光明遍十方	破諸黑闇眾無明
圓具如來善名稱	相好莊嚴無比倫
一切功德法身具	實相體性無所得
十方三世有情眾	念佛圓滿悉全佛
實相體性中發心	無可得中究竟覺

迴向這三個，我們要了解，菩薩發心來念佛，目標就是「願如十方三世佛」，不是願如十方三世佛的外相，外相是次要的，是要如法。我要跟某個老師學是什麼意思？是把自己的頭剪成他的樣子嗎？還是要跟他一樣留個鬍鬚？還是學習他的智慧、內涵？從裡面學出來才像。如十方三世佛是從心內學出來，從法界實相中，具足他的法，從裡面充實出來，願如十方三世佛，「利益一切有情眾」，大家要發心。「圓滿如實大智慧，大慈大悲悉成就」，圓滿如實大智慧是如來所成的。

在《大智度論》〈卷二十一〉，有問：「云何是念佛？」他答曰：「行者一心念佛，得如實智慧，大慈大悲

成就。是故言無錯謬，麤細多少深淺皆無不實，皆是實故，名為多陀阿伽度。」

行者一心念佛，不是隨便想想，不是散心念佛，如此得到佛陀如實的智慧，是實相的智慧，大慈大悲成就，所以說話不會錯謬，不會像我們有時候念頭會失掉。尤其是比較累的時候，有時候講話會失念。我自己也會這樣講到一半會跳針，譬如說地獄講成極樂世界，但是我馬上就覺察到了，這是第一個。第二個是一個主題講的時間長了，我有時不太喜歡照牌理出牌。我要講的主題常常講得比較少，結果題外話講得比較多。講到最後好像不是在講原來的題目，覺得很慚愧。講久了有時候會脫線。念頭忘記了。精神狀況很好的時候就不會。

事情過多有時候就會有這個問題，但是佛陀沒有這個問題，他言無錯謬。要言無錯謬是不得了的。看到這裡就感到很慚愧。麤細多少，要講得多麤多細，這不是一般的麤細，是指恰當與否，講的多少深淺，都沒有不實在。所以說他是如來（多陀阿伽度）。

「亦如過去未來現在十方諸佛，於眾生中起大悲心，行六波羅蜜得諸法相，來至阿耨多羅三藐三菩提中。此佛亦如是，是名多陀阿伽度。」

也是像十方三世諸佛，在眾生中起大悲心，行六波羅蜜得諸法相，到達無上正等正覺。都是這樣子的。念佛做什麼？要得到圓滿如實佛的大智慧，大慈大悲完全成就。

「如三世十方諸佛，身放大光明遍照十方破諸黑闇。心出智慧光明，破眾生無明闇冥。功德名聞亦遍滿十方，去至涅槃中。此佛亦如是去。以是故亦名多陀阿伽度。」

他說：三世十方諸佛，身放大光明遍十方法界，破一切黑暗。心中出了智慧光明，破眾生的無明黑暗。他的功德名聞也遍滿十方法界，而達到圓滿的涅槃。所以說「身放光明遍十方，破諸黑闇眾無明。」破除眾生黑闇一切無明，圓具如來殊勝的善名稱，「相好莊嚴無比倫」。我們要成就這些，所以發心念佛三昧，度眾生。

「一切功德法身具，實相體性無所得。十方三世有情眾，念佛圓滿悉全佛。」我們希望具足什麼呢？要修行，首先要了解實相法身，眾生與諸佛同體無二，心、佛、眾生三無差別，這是實相義。第二，我們要圓具一切諸佛的功德法身，圓具如來的十力、四無畏、十八不共法、如來十號。第三，我們圓具了如來的體性以後，還要圓具如來的光明相好色身。而且要具足善名稱，十方普聞。我們具足如來的善名，使眾生持名，得成就。要具足如來的妙

相，增生他報身的圓滿，我們具足如來的功德法身，法身實相本然同具，所以「一切功德法身具，實相體性無所得。」這是我們念佛要成就的。

十方三世有情的眾生，念佛圓滿，要真正圓滿全佛，每一個人都成為究竟的如來。希望大家從實相體性裡面，知道心、佛、眾生三無差別，一切諸佛體性實無可得。這樣子發心，是無緣的發心，廣大究竟之菩提願，在無可得中，無有少法可得，得究竟的正覺。我們一一得，一一要捨，一一得，一一要破，一一得，一一不可染，因為諸佛是破有法王，我們得證一個境界，這個境界馬上要破，不要執著。但是我們要精進去得證這個境界，境界一得到，馬上現破、現離，得而立破，立破亦得。所以究竟無可得，實無少法可得，得阿耨多羅三藐三菩提。度一切眾生使他們圓滿成佛，這是全佛。全佛是什麼？一切眾生是佛的話，畢竟無佛可得。這是我們要做的。

2 修學念佛三昧的正見

念佛三昧心圓滿　　即與如來等無異

體性無妄即大覺　　是心念佛心作佛

身口意淨本無染　　無可得中正念佛

我們現在來看看念佛三昧的見地。見地如眼,修學一個法門,依不同的見地所得到的結果就不同。同樣的修法,但是不同的見地,所得到的結果可能千差萬別。

譬如說,你以為盡生死的心來念佛,念得自然懇切,而且可能念念相續不斷。功夫做得好,最後能得到功德,可能往生天界,或是往生淨土,消滅業障。如果你是用菩提心念佛,你所得證的卻是無上正等正覺。所以同樣的修法,不同的見地,結果有很大的差異。所以我們要建立一個正見,讓我們走對的路,讓我們走得圓滿。

修行的功夫就像車子的性能,如果性能很好,或是你的體力很好,跑得很快,但是眼睛看不太清楚,模模糊糊的。雖然你功夫做得很好,但是你到的地方可能不夠圓滿。所以我們在見、修、行、果的次第上,首重見地。

　　我們要建立念佛三昧的見地，首先要了解「念佛三昧心圓滿，即與如來等無異。」首先我們來建立念佛三昧的見地。我們修證念佛三昧的心圓滿的話，我們就與一切如來等無有異。念佛者成佛，念佛圓滿，即與諸佛等同圓滿；念佛圓滿，我們的心即等同如來。於念佛三昧中，身口意要如此憶念，要與如來無異。這是第一個要確定的。

　　「體性無妄即大覺，是心念佛心作佛。」修行念佛並不是要讓我們得到什麼，而是把所有的障礙，妄想，煩惱全部打碎。我們證得體性無妄就是大覺如來，並不是新得什麼。

　　在《金剛經》裡面講得很清楚：「無有少法可得，得阿耨多羅三藐三菩提。」到最後無有一法可得。無有一法可得，體性當然是無妄，自然是大覺。所以修念佛三昧，心裡面不要想得到什麼。在念佛三昧修行次第中，會得到很多的境界，很多的圓滿，但是心有所得，有所得即是執著，不能夠像如來一樣，以無所得故，得到無上正等正覺。所以「體性無妄即大覺」要這樣了解。

　　「是心念佛心作佛」。我們知道一切如來是法界身，入一切眾生心想，是心作佛，是心是佛。我們的心的體性與一切如來，根本等無有異。遠離一切妄想塵勞，遠離一

切下劣,「啊,我是凡夫,他是佛。」不平等的心,遠離貪、瞋、癡、慢、疑五毒,一切放下,一切遠離,那這心就是作佛,這個心來念佛。我們依這樣的見地來修習念佛三昧,能夠得到圓滿。這是要提醒大家的第二點。

「身口意淨本無染,無可得中正念佛。」依據前面的說法,我們要求大家念佛是希望身、口、意清淨。為什麼要身、口、意清淨?有什麼路徑可以得到身、口、意清淨?一個是修的路徑,我們身、口、意有雜染,所以要端身正業,語要正業,意也要正業,要洗淨一切染污。除此之外,我們要徹底了解身、口、意本來虛幻,虛幻故無染,無染故清淨。身、口、意沒有任何執著,沒有任何染著。不執著自己的身、口、意,就是身、口、意淨本無染。

有人聽了這話,就會想:「我的身、口、意本來就是清淨,所以我現在的身、口、意沒有染著。」這樣想是不是執著於身、口、意呢?你執著於身、口、意,當然身、口、意就有染著。所以說「身口意淨本無染」不是說你心裡面執著有一個真實的身、口、意之後,說它無污染,這是妄想,沒有這個事情。

你如果執著一個身、口、意,那這身、口、意已經染

著了。但是如果身、口、意本是虛妄的，本是如幻的，它如此因緣現起，我身、口、意不可得而示現身、口、意，這就叫做「身、口、意淨本無染」。大家要了解這一點，否則虛妄心是。結果是造一個假的清淨境界，執著一個假的清淨境界，就是在輪迴之中，卻以為本然清淨。

本然清淨的意思，是說你這個境界本身是虛幻，是不可得故，所以叫做清淨。而不是說我有這個境界，一切都不能污染它。在究竟位上來講，是這樣沒有錯，但是因為你心念上面已經有一個執著，有這個境界，在虛妄中就有染著，為什麼？虛妄故。

因為你虛妄建立，所以有虛妄染著。虛妄與虛妄平等，所以你在虛妄中顯現的染著，就是真實。為什麼？因為都是虛妄。但是如果你認知這一切根本虛妄，所以說染著亦不可得，如果是在這種狀況裡面，當然能說清淨。有些行人於此處搞不清楚，他想走一條清淨簡便的路，只想抓一句話來用，「啊，我本來清淨。」但是他執著了，他還要清淨，就為了有人跟他說本來清淨，這兩個攪在一起，就是根本染著而現起一個清淨的妄念，這是雙壞。本來是虛妄，遠離一切兩邊，根本無可染，所以說這個叫清淨，這個叫真實寂滅。「身口意淨本無染」就這樣子體

會。

我們體悟了無可得，無可得中，心現起正念念佛，因為沒有任何雜染，所起的念頭沒有任何對峙，沒有任何壓伏，沒有任何對待，這時候念佛自然而然能夠念念相續，宏智正覺禪師叫它作「無偶而奇」。此句出自宏智正覺禪師《坐禪箴》：

「佛佛要機，祖祖機要。不觸事而知，不對緣而照。不觸事而知，其知自微。不對緣而照，其照自妙。其知自微，曾無分別之思。其照自妙，曾無毫忽之兆。曾無分別之思，其知無偶而奇。曾無毫忽之兆，其照無取而了。水清徹底兮，魚行遲遲。空闊莫涯兮，鳥飛杳杳」

「偶」是對待，對待全滅，天真獨露，赤裸法身。念佛是全心起念，所以說「無可得中正念佛」。妄心全部止息時一心念佛，就是這個境界。這是清涼本地，念佛者自念也，自佛他佛泯然絕待，天真獨露，自在受用。到山中觀月，吟唱一曲如來妙音，諸位要修行來體會這個境界，否則唱了半天沒有一個知音人也難過。我一天忙到晚沒有一個休息的時候，有時候實在覺得不想幹了，為什麼還能幹得這麼起勁呢？在做事時念頭根本不會去分別、去障礙，就是想把這個大事因緣跟大家交代明白，為的是這個

事情是千真萬確，千真萬確的事情你親自體會得到時，裡面的那個受用，那個歡喜，總是希望大家能夠體會，就是因為這樣，不辭辛勞，眉毛拖地，舌頭犁耕，也要把這個事情講個清楚明白，讓大家去體會。

你要「身口意淨本無染，無可得中正念佛」，這兩句看起來簡單，但是這個境界是多麼微妙！你們心中還有什麼好忐忑不安的？人世間的一切碰到這個，智慧之日能消罪業霜露，什麼是罪業霜露呢？難過，不平，不安是不是罪業霜露呢？不喜悅一切，心中的所有一切障礙，讓你不能夠安住在法性，安住在清淨，這都是你的罪業。不是說別人在阻礙你是罪業，而是說你感覺到別人在阻礙你已經是罪業了。我們現在知道正見是什麼，就可以依著正見起修。

　　諸佛威力所加持　　如實念佛不可得
　　以不可得念佛故　　如幻莊嚴無相中
　　如來性圓如體中　　念念相續自如來

「諸佛威力所加持，如實念佛不可得。」這些偈頌每兩句都是一個環節。假如是同樣的事情，由不同的因緣，不同的方位來談，你體空故，你身、口、意淨才能夠講三密加持，你身、口、意染，三密加持怎麼加持你？髒的

水要稀釋到多少才算乾淨？還不如把自己的心空掉，把雜染漏光。諸佛加持的緣故，如實念佛，如實念佛有種種境界，種種不可思議，事實上是不可得。

「以不可得念佛故，如幻莊嚴無相中。」不可得來念佛的緣故，莊嚴清淨是不是真的？佛土清淨、佛像莊嚴當然是真的，不可得來念佛，如幻莊嚴也如同無相，無相才會如幻莊嚴，無相就是如幻莊嚴。

「如來性圓如體中，念念相續自如來。」在如來體性圓滿、真如的體性當中，念念相續，念佛心是佛，念如來者是如來也，你念如來，自如來念如來，如來念你，你心念佛佛念心，心、佛、眾生三者同體無二。

　　念佛現成三摩地　　自他佛陀亦無得
　　是名念佛真淨念　　大空法界示全佛

念佛成就了三摩地，念念相續，念念是佛，自佛陀、他佛陀這一切分別也不可得。心中全佛現前，全佛入你心中，相念相續，這叫做念佛真正的淨念。相入相即，如水入水，如境相照，在整個大空法界當中示現法爾全佛。一切眾生成就圓滿諸佛，心、佛、眾生三者等無差別。

　　一稱南無佛陀耶　　皆悉圓滿成佛道
　　法性緣起自清淨　　無礙法爾自解脫

　　《法華經》裡面講到：「一稱南無佛陀，皆共成佛道。」這是與佛所建立的金剛不壞因緣，我們如果這樣體會：「一稱南無佛陀，皆共成佛道。」也能夠見一切眾生成佛道，只是因緣疾速的問題。但是因緣疾速也是如幻、不可得，「一稱南無佛陀耶，皆悉圓滿成佛道。」就法性而言，就緣起而言，就事而言，他們都清淨，理事無礙，事事無礙，無礙法爾是解脫，我們在這邊發覺染污不可得，在法爾無礙當中自然解脫。

　　大智念佛無可住　　大悲念佛離生滅
　　大慈念佛大空樂　　體性念佛不思議

　　大智的念佛是無可住的，大悲的念佛是遠離一切生滅的。大智念佛無可住，不執著念佛實相，心、佛、眾生的差別。大悲的念佛是遠離一切生滅的對待，所以無視於眾生的生滅，連眾生的生滅亦不可得，所以一切眾生皆是如來。「大慈念佛大空樂」，以大慈心念佛，同具如來空樂的一切眾生即圓滿如來，體性念佛遠離一切思議的分別。

　　念念念佛佛念我　　佛念念我我念佛
　　如彼海印自相攝　　相即相入不可得
　　全佛念佛念全佛　　眾生全佛不可得
　　大悲現前大念佛　　念佛金剛三摩地

「念念念佛佛念我，佛念念我我念佛。」念念之中憶念著如來，而如來也是憶念著我等，佛念念不失一念，佛不會失去念頭，如來永不失念。如來念我，清楚明白。「佛念念我我念佛」，就像大海印一樣相攝相照，如海印相照，如水相入，「相即相入不可得」。一切法界全佛念佛，相攝無盡，相映相照的海印三昧，「眾生全佛不可得」，我們所期望的是法界念佛，一切全體念佛，「大悲現前大念佛，念佛金剛三摩地。」永住於金剛三摩地中。以上是我們念佛的正見，在見地圓滿中，依這樣的見地來憶念如來。

第六章

念佛三昧的修證方法

1 持名念佛—— 最廣大普遍的念佛法門

了解了修學念佛三昧的發心與正確觀念後,我們要進入念佛三昧的實修。

持名念佛,觀相念佛。觀相念佛包括觀像,觀生(應)身(即一般所謂的觀化身),觀十方佛、三世佛,觀報身佛。其次是念功德法身及實相念佛。

經典中有許多觀相念佛的資料,如《阿彌陀佛十六正觀》裡面的〈彌陀真身觀〉就屬於觀相念佛。《般舟三昧》與《阿彌陀佛十六正觀》大部分屬於觀相念佛。《念佛三昧經》內有很多觀相念佛,《觀佛三昧海經》裡面有更多的觀相念佛,諸位需要多看幾本。我在寫偈頌時也遇到這個問題。如果只根據《般舟三昧經》來寫就容易多了,如果參照所有的經典來寫,那麼可以寫成一本書了。

有關觀佛身的經典很多,如《般舟三昧經》與《觀無量壽經》等。念功德法身在早期的經典(如《清淨道

論》、《解脫道論》）裡其實是觀功德法身佛，《十住毘婆沙論》也是。我們到時候要細觀佛陀的十號、十力、四無畏、四無礙智、十八不共法、四十不共法。四十不共法是屬於龍樹菩薩《十住毘婆沙論》解釋十地品的。還有一百四十法。

佛陀有時候把它總約成一百四十法，包括三十二相、八十種好、四淨、十力、四無畏、三念住、三不護、大悲、無忘失法、永斷習氣、一切種妙智。這些都屬於佛陀的功德法身。它非常細密，大家有機會可以把它們一個一個讀過，一個一個思維清楚。這就是念佛。簡單的也要把十力、四無畏、十八不共法、如來十號思維過，而不只是讀過。這個非常重要。經過思維才知道佛陀是什麼，不是一個很莊嚴、神通廣大的佛陀，佛陀不只是如此而已。實相念佛是究竟的實相。一一法都可以拿出來談，如果有時間，我會把重點提出來談。其實我寫的偈頌已經提出來，十八不共法等，一一法都要細觀。

在念佛法門中，最常見的是持名念佛。 持名念佛又叫稱名念佛，可分為散心持名與定心持名。偈頌從「定心持名念念佛」起是屬於定心持名。差不多所有的念佛方便，這邊都攝入了。還有一些不同的，比如說「五方便念

佛門」，華嚴宗的念佛方便等是依照其他的方法來的，不是用念佛的形式而來的，有機會再跟大家解說。除此之外，念佛的入手方式這裡大概都具足了。

念佛的第一個要素——信願

菩薩以信大方便　　易行疾至不退轉
能以此身住圓滿　　成證無上正等覺

散心持名在《十住毘婆沙論》〈卷第五，易行品第九〉裡面有很強力推動的一個依止：

「若人發願欲求阿耨多羅三藐三菩提，未得阿惟越致，於其中間應不惜身命，晝夜精進如救頭燃。」

我們如果發願要得到無上正等正覺，還沒證得不退轉時，在這中間要不惜生命去修行，晝夜精進就像救頭燃燒那麼緊急。論中又說：

「菩薩道亦如是，或有勤行精進，或有以信方便易行疾至阿惟越致者。如偈說：

東方善德佛　　南栴檀德佛
西無量明佛　　北方相德佛
東南無憂德　　西南寶施佛
西北華德佛　　東北三行佛

下方明德佛　　上方廣眾德

如是諸世尊　　今現在十方

若人疾欲至　　不退轉地者

應以恭敬心　　執持稱名號

若菩薩欲於此身得至阿惟越致地成就阿耨多羅三藐三菩提者，應當念是十方諸佛稱其名號。」

菩薩道有些是很努力勤行精進，有些人是以信方便行，以信方便易行即是疾至阿惟越致者。有些人是以信方便易行，來疾至不退轉。東方有一尊善德佛，南方有栴檀德佛，西方有無量明佛，北方有相德佛，…下方是明德佛，上方有廣眾德。這是十方佛。如果有人要疾至不退轉地，用恭敬心執持稱佛名號。要成就，要到達不退轉，要得阿耨多羅三藐三菩提，就要稱念十方諸佛的名號。

「如《寶月童子所問經》〈阿惟越致品〉中說：「佛告寶月：東方去此過無量無邊不可思議恒河沙等佛土有世界名無憂。其地平坦七寶合成，紫磨金縷交絡其界，寶樹羅列以為莊嚴，無有地獄、畜生、餓鬼、阿修羅道及諸難處，清淨無穢無有沙礫、瓦石、山陵、堆阜、深坑、幽塹，天常雨華以布其地。時世有佛號曰善德如來、應供、正遍知、明行足、善逝、世間解、無上士、調御丈夫、天

人師、佛世尊。

寶月，其佛本願力故，若有他方眾生，於先佛所種諸善根，是佛但以光明觸身，即得無生法忍。寶月，若善男子善女人聞是佛名能信受者，即不退阿耨多羅三藐三菩提。餘九佛事皆亦如是。」

如同《寶月童子所問經》〈阿惟越致品〉中所說：

「佛陀告訴寶月童子，東方有一世界叫做無憂世界，有一位善德如來在那裡廣說諸法。由於佛的本願力故，有他方眾生在過去佛種諸善根，佛會放出光明觸身，即得無生法忍。如果有善男子、善女人聞這佛的名號能夠信受者，就不會退轉阿耨多羅三藐三菩提。東方這尊佛是如此，十方佛也都是如此。佛陀在後面還解說諸佛的名號與國土的名號。我們把這些意旨轉成偈頌來修行。

「菩薩以信大方便，易行疾至不退轉。」菩薩第一個要具足信願，以信作為一種大方便。如果不信的話，你念什麼？有效嗎？如果不相信而念佛，那跟錄音機的效果差不多。

只是口念佛沒有心，這是沒有用的，「念」是當下的心，口念也是一樣，它是以信做為方便。為什麼是易行道？有些菩薩是走難行道的，不出世在淨土，而是出世於

五濁惡世，這是難行道。他每生每世要做什麼？就是沒事要把頭捐出去，把眼睛捐出去，把耳朵捐出去，把骨髓捐出去，跟釋迦牟尼佛一樣，專門走難行道的。有些菩薩走易行道要往生佛淨土，佛淨土沒有壞事，大家都是很清淨的，很高興的自然而然就學會了成佛的方法，這是易行道。用易行道來疾至不退轉，「能以此身住圓滿」地中，「成證無上正等」正「覺」。

　　憶念十方諸佛陀　　聞是佛名生信受

　　不退無上正等覺　　往昔善根所出生

　　名稱普聞十方界　　如香流布滅眾惱

　　光明觸身智無量　　如彼十方諸如來

　　阿彌陀佛一切佛　　現在十方淨世界

　　稱名憶念具妙德　　本願如是稱名者

　　必入無上正等覺　　是故常應憶念佛

　　首先建立信，我們念佛要信佛，要「憶念十方諸佛陀」。憶念十方諸佛不是同時一起憶念十方諸佛，那是念不完的。而是先選擇跟你最有緣的佛來憶念，譬如說阿彌陀佛，或是阿閦佛，或是藥師佛，找一個你最有信心的佛。在這裡是先選十方的佛陀，聽到佛名要生信受的心，用這信受的心不退於無上正等正覺，你用這個心憶念就跟

佛相應，成為瑜伽行，不退轉於無上正等正覺。你何以能夠對這個佛名生起信心？這是因為往昔善根所出生。過去的善根出生，你才會這樣念。

「名稱普聞十方界」，佛陀的名字普聞於十方世界，所以佛陀又叫做善名稱。他的名號都有他的妙德在，都有他的意義存在。「如香流布滅眾惱」，好像香流布一樣，能夠滅除一切煩惱。我們念佛時會受到佛的光明觸身，心裡念阿彌陀佛，阿彌陀佛的光明就觸身了，問題在你有沒有感受到。感受到是很正常的事，沒有什麼好奇怪的。有人跟你講說：「阿彌陀佛光照著我的身，很舒服。」這是很正常的，這是每一個人都有的，只是我們知不知道而已。會光明觸身，能夠讓我們成就無量智慧，「如彼十方諸如來」。這是在《十住毘婆沙論》裡面所宣揚的第一點。

「問曰：但聞是十佛名號執持在心，便得不退阿耨多羅三藐三菩提。為更有餘佛餘菩薩名得至阿惟越致耶？答：阿彌陀等佛，及諸大菩薩，稱名一心念，亦得不退轉。」

有人問：「我聽聞十方諸佛名號，執持在心，就能夠不退轉於無上正等正覺。現在是不是更有其他佛菩薩的名

號能夠使我們不退轉？」論中就回答說：「阿彌陀佛等佛及諸大菩薩，你如果稱名一心憶念，也會得到不退轉。」它是先講十方佛，再講阿彌陀佛等佛。

「更有阿彌陀等諸佛，亦應恭敬禮拜稱其名號，今當具說。無量壽佛，世自在王佛，師子意佛，法意佛，梵相佛，世相佛，世妙佛，慈悲佛，世王佛，人王佛，月德佛，寶德佛，相德佛，大相佛，……，普賢佛。普華佛，寶相佛。是諸佛世尊現在十方清淨世界，皆稱名憶念。阿彌陀佛本願如是：若人念我稱名自歸，即入必定得阿耨多羅三藐三菩提。是故常應憶念。」

除了這代表性的十方佛以外，更有無量無邊的佛，我們要稱名憶念。「如彼十方諸如來」。

阿彌陀佛一切佛　　現在十方淨世界
稱名憶念具妙德　　本願如是稱名者
必入無上正等覺　　是故常應憶念佛

阿彌陀佛與一切如來，現在在十方淨世界中。我們稱名憶念，因為他們具足妙德的緣故，它們本願如是願故，稱名者在他們加持中，與他們產生因緣，與他們相應的緣故，將來必入無上正等正覺，如同《楞嚴經》裡面說的「香光莊嚴」，大勢至菩薩在一劫中有十二光佛陸續教導

他念佛，他才成就香光莊嚴、念佛莊嚴，如來香忍。如同作香的人一天到晚在香房中，香氣自然薰生，自然得到香光莊嚴，我們因為稱名憶念佛陀的妙德，他們的本願也必定能夠使我們證入無上正等正覺。所以我們應該常憶念如來。這是十方佛，以阿彌陀佛為首的十方諸佛。

《十住毘婆沙論》說：「又亦應念毘婆尸佛、尸棄佛、毘首婆伏佛、拘樓珊提佛、迦那迦牟尼佛、迦葉佛、釋迦牟尼佛、及未來世彌勒佛，皆應憶念禮拜。」前面所講的過去七佛，釋迦牟尼佛已經過去了，但也可以算是現在佛，彌勒佛是未來佛。

過去七佛三世佛　　一切諸佛悉平等

如彼普賢大願王　　廣大成就難思議

過去、未來、現在三世諸佛都平等，都應該恭敬禮拜，用偈頌來讚嘆諸佛，如同普賢十大願：「一者禮敬如來，二者稱讚諸佛，三者廣修供養，四者懺悔業障，五者隨喜功德，六者請轉法輪，七者請佛住世，八者常隨佛學，九者恒順眾生，十者普皆迴向。」身要禮佛，口要讚嘆佛，於諸佛前要懺悔、隨喜、勸起、迴向。對諸佛行普賢十大願。稱名念佛後面要加上這些。我們要行普賢菩薩所行的一切妙行。「如彼普賢大願王，廣大成就難思

議。」

持名念佛，首先要「信」，要往生淨土就得加上「願」、「行」。要圓滿的話要加上「智」。所行的根本是信。信我們跟諸佛的因緣，我們聽聞佛名會生起信受之心，是我們往昔善根所出生，憶念佛可以選擇十方三世佛中的一尊佛。阿彌陀佛等無量清淨諸佛，過去、未來、現在三世諸佛，十方三世一切佛都是我們皈命的對象。我們選擇一尊佛來持他的名號，知道一切諸佛平等，對他們行一切普賢妙行。大家要散心念佛就要選擇一尊如來。如果跟進一尊如來不熟，沒關係，經典裏那麼多佛陀，就選一尊唸起來很歡喜的，相應的佛陀來憶念。

現在大部分人最熟悉的是阿彌陀佛、藥師佛、阿閦佛、釋迦牟尼佛、彌勒佛。除了這五尊佛，其他如毘盧遮那佛也可以念。寶生佛憶念的人可能比較少，但是都可以，從一切諸佛中選一尊，但是不要隨便選，要選一尊你真正有信心的，信心最重要。聽起來感覺很有信心就叫有信心，有信心如何檢定？有些人第一次聽到某尊佛的名號，聽起來覺得很相應，信心特別大，特別安穩，特別喜樂，有特別深刻的體會，這就是信心。如此先選擇一個佛名，對他行普賢十大願，每天禮拜他，讚歎、隨喜、迴

向、懺悔、請轉法輪等等。

　　持名念佛念念稱　　相續不斷入等持

　　二六時中定念佛　　念佛三昧能成就

　　「持名念佛念念稱，相續不斷入等持。」譬如念南無阿彌陀佛，有念珠的話就拿著念珠，可以掐念珠念佛，提醒自己念佛。如果沒有念珠，可以掐手指念佛。就算不用手指，也可以一步一佛號。各種念佛方式都可以持名。發展到最後有四十八種念佛的方法。其實都是用嘴巴發出聲音，或是用金剛念誦（默念）的方法，或是高聲念佛，也可以先高聲念佛，再小聲念佛，小聲念佛久了覺得昏沉，可以高聲念。高聲念佛久了覺得氣急，可以改用小聲念。有種種的念佛方法，大家可以選擇適何自己的念佛方式。

　　　行、住、坐、臥都可以念。走路時口中念念有辭，別人以為你在念什麼也沒有關係。也可以不必念出來。不管出聲或不出聲，要一心一意的念，不間斷的念。心念置於心輪如果覺得急躁，念起來覺得不順，可以把它放在丹田，從丹田裡面念出來。念的時候不必搶數目字，重點在一字一字念清楚。搶數目字的話，阿彌陀佛搞不好聽不清楚你在念什麼，一句一字清楚明白為要。印光大師提倡口中念，耳朵聽，心中很明白，我想是對的，不過不用口念

出聲也沒有關係,我們心念出來,意識很明白、很清楚,六根都專注。

持名念佛念念稱名,相續不斷最後入於等持之中,念念都是佛號。白天念佛,晚上睡覺之前念佛念到睡著了,醒過來第一件事情就是念佛。到最後半夜也念佛,半夜有鬼要試驗你的功夫,碰你一下,「阿彌陀佛!」你脫口而出就跳起來了。這鬼以後就不敢找你了。醒過來第一件事情就是阿彌陀佛,睡覺前最後一件事情是阿彌陀佛,夢中也是阿彌陀佛,念念相續不斷入於等持之中,到最後二六時中定心念佛,從散心到定心持名,二六時中憶念佛念,佛三昧成就。

菩薩信始淨心地　　佛法因緣中決定
喜樂自在具精進　　心性清淨深信力
於眾生中起悲心　　了諸佛法大悲本

菩薩修行散心念佛三昧,以信為始,以淨心為地,心如地,心地廣大猶如虛空,清淨你的心地,心地不染著,以信始,信了佛,對他完全淨信,完全的相信,佛號完全從心中所出,就如同在你心地遍植金剛菩提種子,其他惡業、纏縛都進不了你的心,你的心就是念佛的清淨心地。「佛法因緣中決定」,你這樣清淨的心生起,於佛法因緣

當中來成就、決定、圓滿。「喜樂自在具精進，心性清淨深信力。於眾生中起悲心，了諸佛法大悲本。」

這些其實都是來自《十住毘婆沙論》中的說法：

「若菩薩以信為始，後住佛，故則能淨治初地，是十法中以信為初，信名於諸佛法因緣中心得決定。」

菩薩行者以信開始，後住於佛，所以說能夠清淨初地，入於歡喜地中。十法中都是以信為初，信是什麼？信是道元功德母（見《華嚴經》〈賢首品〉第十二之一），信在佛法因緣當中，心得決定。所以說「菩薩信始淨心地，佛法因緣中決定。」在佛法因緣裡面以信來得到決定。信是決定因緣，不是一個盲信，它有它的決定因緣意。我們還要得到喜樂自在，要好樂佛法。這個很重要。喜樂自在，因為菩薩心性清淨故，得深根信力，有信力故，能夠在眾生中生悲心。我們具足精進大力，以心性清淨得具深信妙力、深根信力，在眾生裡面生起了慈悲心，了達一切諸佛妙法都是以大悲為根本，

一心好樂佛法中　　悲心增長得大悲
大悲於眾生慈心　　隨所利益一切眾
念佛利益法界眾　　自他受用難思議

我們一心好樂在佛法當中，悲心增長能夠得到大悲

心，大悲心生起的時候，能夠對眾生生起慈心。大悲拔苦，慈心與樂，「隨所利益一切眾」生，隨我們的力量來利益一切眾生。我們從念佛，憶念如來的名號，「念佛利益法界眾」生，自己跟他人受用，不可思議。於此建立持名念佛善因、善緣的決定意。一切根本以信為初，深根因緣清淨心隨著我們的修行更加的努力增長而越來越圓滿。智慧、悲心、慈心都在此中得到圓滿。念佛念到三昧等持相續不斷，你們現在要不要念佛？隨時隨地執持一個名號，隨時隨地念佛是很好的事。這是屬於散心念佛，從最初散心念佛念到三摩地，也達到定心的境界。

散心持名念佛

我們在以上提到生活中相續念佛，這都是散心持名的範圍。

無論是散心持名或定心持名，到最後都是定心，因為散心持名不可能到最後沒有入念佛三昧，散心持名能否入念佛三昧？當然也可以，定心持名當然是要證得念佛三昧，散心持名入手處是散心，是「後得位」。根本位是說我們在打坐時持名，後得位是隨時隨地在持名。定心持名是特別的時間因緣、特別的對象來持名，所以說散心持名

與定心持名到最後要證得的沒有差別，但是如果就精進力來講，當然定心持名速度比較快。散心持名是二六時中都在持的，後得位當中都可以持，我們現在大部分在學的都屬於散心持名，不是依據《文殊師利所說摩訶般若波羅蜜經》的一行三昧。

「後得位」是在打坐之外，隨時隨地持名，後得位有時候也稱為「根本三摩地」或是「後得三摩地」，後得一般是散心的時候，屬於後得三摩地。後得三摩地所得的境界一般來講比根本三摩地更高，因為它隨時隨地都可以得到。後得位成就的話，有時候也可以跟道種智混合在一起。根本位可以跟根本智、一切智混合在一起。因為後得位在散心中能跟定、慧相應來統攝一切。

我們在下手的地方講修證，目前大部分的人用散心持名法門，這個法門當然具足無量無邊的功德。一般經典都認為這個法門三根普被，最好的方便，任何人隨時隨地都可以修，問題是它是一個入手的方便，有些人修了以後引發錯誤的看法說：「唉呀，我們的根器太差，只能用這個方法。」這種想法是很奇怪的。當有人說：「我根器很差。」我就問他：「你有神通啊，不然你怎麼知道？」他說：「不用神通，我現在就知道。」我說：「根器很差的

人，大概連他根器很差都不知道。你會知道根器很差，大概根器還不錯。」當然我這種講法只是一種對治法門，也不是很鞏固的一種說法。人不能老是認為自己很差，但也不能老是認為自己很好。這都是不平等的。

中國的佛教徒大概都認為自己的業障很重，由這樣的觀點來看，不只是中國的佛教徒業障很重，日本的佛教徒業障也應該蠻重的。同樣的事情因為不同的看法，引發不同的結果。像中國的佛教徒就認為自己是凡夫俗子、業障很重、根器太差，只夠資格去念佛而已。他認為他念佛時也很專精、謙卑，但是除此之外，他一切都很驕傲。碰到修其他法門的，就把別人的根器判定是跟他一樣說：「你根本是亂來，你根本沒有資格修別的法門，你只能修持名念佛。」別人的事情他也管上去了，可見他對他所修的持名念佛法門的自傲。看起來好像很謙卑，其實不見得。都跟別人講說他們業障很重，不懂得這麼好的法門。這樣的心態不知是自卑還是自傲。

大部分修念佛法門的人是很好的，但是有些人太堅持自己的說法，就有這種問題，但是就因為如此才產生力量。中國佛教徒自掃門前雪的心態蠻重的，最常聽到的說法是：自己都沒辦法度自己了，如何去度別人？意思是說

自己都不能游泳了，那有資格去救人？看到別人要淹死了怎麼辦？當然不能救啊，免得自己也跟著沉下去。當然，看到別人要淹死了，自己不會游泳忽然間就跳下去，這也不大對，但是你至少也可以拋一根繩索，對不對？這種想法會養成人天乘或是小乘的性格。

日本日蓮宗的教法或見地我們姑且不論，但是他們和中國的佛教徒不大一樣，他們都說自己是從地涌出菩薩，他們相信《法華經》所說的。他們認為自己會讀到《法華經》，會信這個宗派，一定是有因有緣，別人沒有信這個宗派，或是沒有受持這個妙法門，那一定是他們有特別因緣。所以日蓮宗的教徒都自認為是經中所說的「從地湧出菩薩」，所以每一個人都很有信心。這是另一種不同的類型。

不管是自卑還是自傲，這兩種心態都可以討論，但是希望大家不要沒事先把自己抹黑，也不必沒事把自己抹金，不要把自己抹黑，如實的做事情就好了。對佛法要有信心，不要老是把自己當作是哀哀上告的眾生。念佛就要學佛一樣救度眾生。散心持名很好，但是我們也感覺到任何法門都是很好的，只要是正確的法門都是很好的，散心持名持到最後，當然也有很微妙的境界。讓我們來看一

看。

定心持名念佛

定心持名念念佛　　悲智福德力雙足
法界一相緣法界　　如學般若波羅蜜
如法界緣不退壞　　無礙無相不思議

定心持名是出於一行三昧，出於《文殊師利所說摩訶般若波羅蜜經》，在智者大師所立的天台宗四種三昧裡面是屬於常坐三昧之一，因為它是坐著修的。般舟三昧是屬於常行三昧，方等三昧是半行半坐三昧，第四種三昧是非行非坐三昧，如覺意三昧。這是以身行來決定的四種三昧。現在讓我們來探討一行三昧的定心持名。《文殊師利所說摩訶般若波羅蜜經》〈卷〉下說：

文殊師利言：「世尊，云何名一行三昧？」佛言：「法界一相，繫緣法界是名一行三昧。」

文殊師利菩薩問佛什麼是一行三昧？佛答覆文殊師利菩薩的第一句話決定什麼是一行三昧。第一個是法界一相，了悟法界一相。這三摩地也叫一相三昧，在《佛說華手經》裡面說：

「以是一緣了達諸法，見一切法皆悉等相，是名一相

三昧。」

一行三昧也叫做一相莊嚴三摩地，《大般若波羅蜜多經》〈卷五百七十五〉說：

「此三摩地以法界相，而為莊嚴，是故名為一相莊嚴三摩地。」

《大乘起信論》說：

「依如是三昧故，則知法界一相，謂一切諸佛法身與眾生身平等無二，即名一行三昧。」

依如是三昧故，能夠了解法界一相，一切諸佛法身與一切眾生平等無二，所以叫做一行三昧。「法界一相」的意思很深遠。什麼是一相呢？一相是平等相，是法界一相，是諸佛法身跟眾生身平等無二，一切諸法平等，一切諸法莊嚴。一切法界平等的妙相，我們繫緣在這樣的法界，在這一相當中就是一行三昧。法界一相，繫緣法界，心住平等，能夠現觀法界現空，心住平等，無有差別，在法界中自在妙行就是一行三昧。一行三昧其實不一定是念佛三昧，念佛三昧是初入，但是這兩個可以合在一起，《文殊師利所說摩訶般若波羅蜜經》以定心持名念佛為入一行三昧的方便，行住坐臥都能夠稱名，它告訴我們怎麼修呢？

「若善男子善女人，欲入一行三昧，當先聞般若波羅蜜如說修學，然後能入一行三昧，如法界緣不退不壞，不思議無礙無相。」

我們要進入、要實踐一行三昧的話，要先聽聞般若波羅蜜，要先聽聞智慧，如般若所說而修學，了解空性的道理，了解智慧的道理。

什麼是般若波羅蜜呢？法界現空，能夠觀法界當下是現空的，這就是般若波羅蜜。般若波羅蜜不是另外有一個東西叫般若波羅蜜，而是觀法界現空，了悟法界實相，就叫做般若波羅蜜。般若波羅蜜是我們觀照的內容，觀照當下的智慧就是般若波羅蜜，觀照當下而不執著就是般若，觀照萬相如何能不執著呢？一切是空嘛！空不是沒有東西，而是這一切東西都是因緣生，所以說無可執亦無可離，這樣子的觀照叫般若，這個相叫實相，就是大空法界。把這個道理講了出來就叫做文字般若。

所以說：「一般若具足三般若，是觀照般若、實相般若、文字般若。」而一切般若都是實相，你觀照，你的智慧是不是也是實相般若？也是空？所以不能說般若實有，也不能說我般若現觀是實有，因為你這樣的話就不空了。你不能說文字般若是實有，文字般若也是空，這三般若都

是實相。這是現觀的東西，這是證悟的內容，這個不是名詞，不是這樣的東西，所以說要先聞般若波羅蜜。修念佛三昧能夠增長般若波羅蜜，修般若波羅蜜能夠增長念佛三昧，這兩個都可以互相增長。

這邊先聞般若波羅蜜。《大智度論》說：

「有菩薩修念佛三昧，佛為彼等欲令於此三昧，得增益故，說《般若波羅蜜經》。」

這兩個都是相應的。如果沒有般若波羅蜜經，如說修學，不能進入一行三昧，「當先聞般若波羅蜜如說修學，然後能入一行三昧。」持名念佛前面是有智慧行的。「如法界緣不退不壞，不思議無礙無相。」如法界緣不退轉，也不壞，不可思議，它是無礙無相。這些都是講一行三昧的體性。《文殊師利所說摩訶般若波羅蜜經》〈卷〉下說：

「善男子善女人欲入一行三昧，應處空閑，捨諸亂意，不取相貌，繫心一佛，專稱名字。隨佛方所端身正向，能於一佛念念相續，即是念中能見過去、未來、現在諸佛。」

我們要入一行三昧，就要在空閑的地方，捨一切亂意，把混亂的念頭去掉，不取相貌，在這邊不用觀想相

貌，繫心一佛，繫心一個佛名。前面講的是什麼？是在理上，在法行，在緣起理上，它都是空的，一佛也空。但是在緣生裡面，我們取擇緣起的相上的佛，這也是空的，緣起有沒有？緣起相是有，但是它的本體是空，如果另外有一個空性的話，這個緣起相就不空了。所以說緣起相也是空，依緣起來現觀。

「繫心一佛，專稱名字。隨佛方所端身正向，能於一佛念念相續，即是念中能見過去未來現在諸佛。」，對著佛的方向所在，佛在西方，我們就對著西方，因為這是我們緣起的定位。西方念阿彌陀佛，東方念阿閦佛，南方念寶生佛或寶相佛等等，東西南北，每個地方都可以念，正對佛的方向坐著（常坐三昧），「能於一佛念念相續」，一直憶持這個佛名，念念相續，在這念念當中能夠見到過去未來現在諸佛。一佛念念相續，這個念具足過去現在未來諸佛，這個念是法界一相之念，這個念是含證無邊法界，到最後遍滿法界。所以經中說：「即是念中能見過去未來現在諸佛。」如同《般舟三昧經》的觀相，觀一佛見十方佛。《文殊師利所說摩訶般若波羅蜜經》說：

「何以故？念一佛功德無量無邊，亦與無量諸佛功德無二，不思議佛法等無分別，皆乘一如成最正覺，悉具無

量功德無量辯才,如是入一行三昧者,盡知恒沙諸佛法界無差別相。」

　　念到專注,最後你的心全部清淨了就跟佛的因緣相應了。一佛的功德無量無邊,所以說念一佛即是念一切佛,因為一佛即具一切佛,因為法界性平等平等。念一佛功德無量無邊,亦與無量諸佛的功德無二,不可思議的一切佛法等無分別。都乘著一如之相成最正覺。佛法又稱為如,如是如是、如實,這個如就是這樣子,除了這樣子,沒有多,沒有少。如來,無所從來,無所從去。如在佛法裡面是很重要的一個字。真如是真正的如,不是有一個真的如。很多人都讀錯了,讀成一個真的如。真如是真正的如。真如體性是　這個體性就是真如,不是有一個真如的體性,有一個假如的體性。

　　「皆乘一如成最正覺,悉具無量功德無量辯才,如是入一行三昧者,盡知恒沙諸佛法界無差別相。」

　　證入這個的話,就進入真如法界無差別相。用一行三昧來做念佛三昧是定心持名的大方便。我們要怎麼做?把定心持名拿來修學,念念憶念如來,在九十天中除了大小便溺及飲食之外常坐念佛。在現代這種機會比較少,我們就行個方便,不一定九十天,如果有九十天就九十天,沒

有辦法的話，七天也可以，三天也可以，甚至你隨時隨地打坐時專心念佛也可以。這是「定心持名念念佛」。

以定心持名念念佛，佛陀悲智福德力都是圓滿的。我們以法界一相來繫緣法界，如實修學般若波羅蜜。法界一相是平等相，平等相是什麼？心、佛、眾生三無差別。用平等心相來繫緣法界，是一相三昧，是一行三昧，一切現空。「法界一相緣法界，如學般若波羅蜜，如法界緣不退壞，無礙無相不思議。」與緣生的法界等如無二。就是這樣子，你的心不妄想、不妄思，如實現起，赤裸法界。為何叫赤裸法界？就是這樣赤裸裸、乾乾淨淨、寸絲不掛。赤裸法界、寸絲不掛都是在表現這樣的狀況，法爾如是。心中沒有任何的牽絆，沒有任何的干擾，不退不壞，心不妄亂，不會退轉。

心有時候會起貪、瞋、癡，生起恐慌，各種牽掛的心，胡思亂想心，就是這樣子。其實佛法很簡單的，開悟很簡單的，成佛不難的，解脫就是那麼實在的，因為你們看到就好了，就是這樣子。但是你們又不肯相信，那有什麼辦法？你們認為如何？其實就是這樣子，不難，就是這麼赤裸裸的，就在這裡，在掌中觀，清清楚楚、明明白白，但是你們為什麼對這個清清楚楚、明明白白的東西，

非得加一點不清不楚呢？我一直覺得奇怪，都要加油添醋，非得讓自己不開悟你們不會開心。

明明跟你們講就這樣子，還要問說：「是這樣子嗎？」非得讓自己不開悟你們感覺到這世界不好玩嗎？是不是你們開悟就不好玩了？跟你們講就這樣子，你們看到就好了，不是相信我的話，而是你們看到就好了，結果你們非得讓它混亂起來才覺得還有一點事情可以做，是不是這樣？這是很奇怪的，我有時候感覺有一點胡塗，有時候也感覺到很無聊，真的很無聊。這個事情不是複雜的事情，是你們太複雜了，不是這事情複雜得讓你們不能了解。這事情是很簡單、很單純的，所有的問題都是你們太複雜了，不是這個事情太複雜了。

身處空閒捨亂意　　隨佛方所端身向
繫心一佛專持名　　念此一佛念念續
念中能見三世佛　　乃至十方諸如來
一行三昧自成就　　念一佛德無邊量
念無量佛功德等　　體性無二不思議
等無分別佛法中　　皆乘一如最正覺
盡知恆沙諸如來　　法界等無差別相

「如學般若波羅蜜，如法界緣不退壞，無礙無相不思

議。」一切無障礙無相，不可思議。我們要怎麼做呢？我們要身處空閒處捨一切亂意，隨佛方所端身正向，繫心一佛專持名字，念此一佛念念相續。我們剛剛談了那麼多。在這裡，它也給了一個方便。你問我：「悟境是什麼？搞不清楚。」我們現在就用佛的因緣加持力來幫助大家，你也可以用這個方法來幫助自己，念這個佛的因緣，念念相續，到時候念中能夠見到三世佛。

要注意有個前提，念這尊佛的時候要念念相續。沒有念念相續，卻問說：「我已經念了三天的佛了，為什麼還有看到十方三世的佛？」這樣子我就沒有辦法，因為它的前提是念念相續。如果能二十四小時念阿彌陀佛，一心不亂。如此一定能往生極樂世界，你如果說條件有了，而且真的，如果說你沒有去極樂世界，那代表佛經是假的。但是沒這回事。你二十四小時一心不亂念佛，念念相續，能夠得證。所以說你要看清楚，念念相續，念中能夠見到三世佛，乃至十方諸如來。這樣子能夠自行成就一行三昧。

念一佛的功德無量無邊，與念無量佛的功德平等，體性無二不可思議。在平等無分別的佛法中，我們都乘著一如成就最正覺。能盡知恆河沙一切如來，法界平等無差別的眾相，這是從《文殊師利所說摩訶般若波羅蜜經》所了

悟的道理。

智者大師認為一行三昧是四種三昧之一（常坐三昧、常行三昧、半坐半行三昧、非坐非行三昧），他認為一行三昧就是常坐三昧。一行三昧發展到最後，一個是禪宗的。同樣的道理用在禪宗，不是強調佛名，淨土宗就是強調佛名的修持。禪宗是講行、住、坐、臥都在直心的境界就叫做一行三昧。一行三昧在禪宗來講就是般若三昧，就是無念三昧。一行三昧是六祖惠能大師最根本的行持，即無念三昧。

什麼是無念？無念者無不念，無念不是沒有念頭，而是念念清淨，念念明白。無念是念念不為念念所縛。你有沒有開悟？我們來看看這句話。你證入無念就開悟了。有沒有開悟，關鍵在念頭有沒有執著，而不是有沒有開悟這個東西。

這就是心內求法與心外求法，整個禪宗在講心內求法。無念是說念頭有沒有障礙，無障礙的念頭，也就是沒有業障的意思。無念是念念清淨，念念不為念念所縛。

念頭生起時被過去心所控制著，現在這個念頭剎那間又變成過去心，是不是又控制著未來心的產生？在三世中，念念都是這樣串著，念念變成輪迴心。我們的念頭被

過去心控制著，在看未來的事情時不能清楚的明照，不能見到那個如相。為什麼不能見到那個如相？因為我們不能看到當下的真實，我們所看到的是從過去的染污心所控制來的，現在看到的相又影響到以後所看到的。

我們的六根被過去的六識所染，去執著六塵，又產生新的六識，所以叫六賊，一直轉下去，就叫做輪迴相。輪迴是不是真的？不是真的，根本沒有輪迴這件事。現在把它斬斷，所以叫做六根清淨位。六根清淨就是端坐實相，整個六根懺悔，六根懺悔清淨也可以開悟。這也叫做法眼清淨，也叫做得到法眼淨。

現在把這個念頭斬斷了，是不是還有過去的業？還有。但是過去的業由於因緣成熟而出現，是不是有障礙呢？沒有。你就是受業而已，但是你念念不為念念所縛，不會變成纏縛的念頭，每一個當下的心都是如明鏡一樣照見萬物，這是開悟者的心。

開悟者的心念念照見萬物，明見萬物。他的行為是什麼呢？他的行為是沒有染著，沒有執著，他吃飯只是吃飯，睡覺就睡覺，他不會想東想西的，這樣子的生活叫做悠遊自在的生活，而不是有另外一個東西叫做悠遊自在的生活，跟我們現在的生活無關。

悠遊自在的生活可能是在很熱的天氣裡，悠遊自在的生活是否要選擇涼一點的天氣才叫做悠遊自在？不行嘛，對不對？悠遊自在是在任何情況之下都很悠遊自在。悠遊自在的成就者會不會流汗？會。會不會晒黑？一定會的。同樣的事情在悠遊自在者，他心裡面很舒坦，很自在。太陽太大，拿一頂斗笠給他，他會不會戴？他一定會戴的。別人可能因太陽太大就一直抱怨，一直怪東怪西，怪政府，怪政府不把太陽遮住。

現在有很多叩應節目，有一次我聽到某個節目的聽眾打電話進去，他自己孩子教不好，就說他自己小時候多孝順多好，他父親有九個子女，他父親講一句話，沒有一個子女敢反對。他的孩子多差多差，結論這都是因為政府害的。這真是扯太遠了。想想看，我們平常不也是怪東、怪西、怪南、怪北，千奇百怪的，心中怪怪的。修行人不會這樣子，他可以乘涼他很高興，不能乘涼也沒什麼。會不會生病？還是會生病。但是因為他的心念不會糾纏，不染業障，所以他的福德會增生，他的生活會改變，環境會變得比較好，這是很自然的。但是他不在環境變好變壞這問題上打轉，這個不重要。

無念法門很重要，念念不為念念所縛。行、住、坐、

臥自在就叫做一行三昧，也叫做般若三昧，這是六祖惠能
大師一生所行，其實就是無住三昧，就是《金剛經》所講
的。開悟是什麼呢？心無所住。無所住，自在生心，就是
悟境的心。「應無所住，而生其心。」這是無念。為什麼
念念不為念念所縛？無住。這些境界都是一樣的，各種不
同的說法而已。

圭峰宗密禪師在《禪源諸詮集都序》裡說：

「若頓悟自心本來清淨，元無煩惱，無漏智性本自具
足，此心即佛，畢竟無異。依此而修者，是最上乘禪。亦
名如來清淨禪，亦名一行三昧，亦名真如三昧。」

一念平等了諸法，了解法界平等無差別相，在佛不
增，在眾生不減。你現在心中有沒有不平等心？有。你對
悟境的企求，而不是如何修持自然有悟境。你如何真實的
修持對你來講才重要，而不是對悟境的企求。你企求悟境
跟企求得到錦衣玉食，雖然方向有點不一樣，結果也有些
不一樣，但是基本的心態有同等的染著心存在。在佛法裡
面，要先以欲鉤牽，如果沒有對悟境的企求，叫一般人馬
上放掉很難。

先以欲鉤牽，修行的心生起時，修行的目標就要準備
把會讓你不能夠成就的斷掉了。對境界的欲求要斷掉，要

求你如實去做，對很多人公開的談，「這不錯啊。這真的不錯。」有沒有騙他們？沒有騙他們。但是你要達到真正的不錯的話，要先把那欲求斷掉。

譬如說，我們要去攻頂，要爬上那座山，那座山很漂亮，我們在那裡可以看到很多美妙的境界，這是真的。當你一旦開始要爬山時，領隊是不是開始要求你，不能帶亂七八糟的東西。你說：「這座山既然那麼美，在山上我要拿十八把望遠鏡去看，從一寸的到可以看幾百倍的。」但是你如果帶了許多亂七八糟的雜物去的攻頂的話，在路上可能就體力不支倒地了，也可能在山上發生山難。所以要求你把身體練好，要把它排除掉你才能達到那個境界。是不是如此？現在已經達到這種地步，你修的時候心中不能有希望心起來，否則這希望心會讓你永遠不能達到那個境界。

> 一念平等了諸法　　頓悟自心本清淨
> 元無煩惱亦無漏　　智性本自圓具足
> 此心即佛自無益　　依此圓修最上乘
> 亦名如來清淨禪　　真如三昧一行禪

我們現在開始一念平等了解諸法，一相，在聖不增，在凡不減。它只是說我們如實到達那邊，就是這樣子而已，頓悟自心本來就是清淨，原來煩惱或是一切的雜染都

是假的，為什麼是假的？因為我們可以改變它，所以它是假的。因為它是無常的，所以是假的。因為它是空的緣故，所以是假的。智性本來就是圓滿具足，此心即佛，自然無異，依此圓修最勝禪，也叫做如來清淨禪，也叫真如三昧的一行禪。

依這樣子的心念，念念相續，持名念佛。念佛有種種不可思議的境界，但是種種境界不能有一絲一毫的染著，否則你停在那邊，念佛產生種種不可思議的境界的時候，你要無可得。起先念佛要以繫緣為中心，然後再無可得而念佛。以清淨身口意念來念佛，念佛中間有種種境界，你還是要無可得。念佛最後的那個境界，你還是要無可得。但是這個境界跟有可得、無可得有沒有關係呢？沒有。這境界就是這樣子。空花佛事還是有佛事，水中鏡月還是有水中鏡月。

清淨國土是如幻的，我們不能執著，但是不能說沒有清淨國土。你所看到那個東西還是真的，問題是你想得到那個東西你就得不到了。這是一個吊詭，為什麼？因為你想得到的心是世俗心，一定是要出世間心才能得到那個東西。我們這麼做，這麼念佛，這麼一心不亂的念念念佛，可以證入念佛三昧。以上是持名念佛，希望大家共同來修

習。

（課堂上有學員提問）

學生問：「前面老師說：成佛很簡單，是我們的心太複雜。能不能再舉個例子？」

答：「舉什麼例子？」

問：「這樣就是了，那…」

答：「那你不是嗎？」

問：「這句我還沒有體會到。」

答：「你說什麼還沒有體會到？」

問：「你說這樣子就開悟了，那我為什麼這樣子還不開悟呢？」

答：「你為什麼這樣子還不開悟，是不是？」

問：「老師講了半天，為什麼我們沒辦法轉過來？」

答：「那要問你，不能問我啊。因為是你沒有開悟，對不對？我這樣講好像又有一點問題，對不對？怎麼老師又把責任推回來？答案很簡單。你為什麼煩惱？開悟這件事情有沒有變成你的煩惱？」

問：「有。」

答：「你在煩惱什麼？沒有開悟？你在煩惱開悟，是不是？那你在煩惱什麼？有煩惱才需要開悟，對不對？那

你在煩惱什麼？好像我的思維方式跟你們的思維方式不大一樣，你有沒有發覺到我剛剛的問題好像不是在回答你的問題？但似乎又是在回答你的問題，是不是？沒有關係，把你的意見表達出來，其他人有意見也可以說出來。你到底在煩惱什麼？」

問：「據佛陀所說的或是老師所講的，開悟以後應該逍遙自在。但是我們就是沒法開悟，內心為什麼好像有什麼疙瘩？」

答：「逍遙自在是需要一個逍遙自在？還是沒有煩惱就是逍遙自在？」

問：「應該是沒有煩惱就是逍遙自在。」

答：「沒有煩惱就是逍遙自在，那你心裡面會不會期望一個逍遙自在？沒有煩惱就是逍遙自在，那麼你現在會不會期望一個逍遙自在？」

問：「沒有煩惱，逍遙自在自然就會出現。」

答：「對。沒有煩惱的時候，逍遙自在會自然出現。對你來講是一種期望呢？或是一種想像呢？或是它僅僅是一種事實而已？你對它沒有一點希望或想像？聽懂嗎？」

問：「仍然沒有聽懂。」

答：「好，聞法解脫開悟的時候就是逍遙自在，對不

對？你如果了解這句話，它就可以幫助你修學的精進。這句話也沒什麼壞事。但問題是這句話跟解脫的障礙也有關係。因為你現在說：『我把這個煩惱解脫掉我就是逍遙自在了』，這件事情現在對你來講只是這樣一件事情，我把煩惱拿掉了就解脫自在了，只是這樣的事情？或是你期望的事呢？你在講這一句話時，你心中是期望的呢？或是說，甚至因為你的期望沒有達到而生起煩惱呢？」

問：「應該是有那種期望的心存在。」

答：「而且還起煩惱，對不對？你的煩惱在這裡，結果煩惱去掉以後有很多的東西，你現在想這個東西，因為這個東西而引發了煩惱，是不是增加了煩惱？那你為什麼不把煩惱拿掉就好了？」

問：「平常講『明心見性』可以解脫，如何如何，還要印證…」

答：「那是騙小孩子用的。」

問：「我們了解文字般若只是理上的了解，好像沒有事證，好像沒有一悟永悟，那種煩惱在了解文字般若後好像得到暫時的解脫，但是碰到情境的時候，煩惱又回來了，好像不能經常處於悟境。」

答：「碰到情境的時候，你們對情境的了解是多少？

情境產生時，你們處理事情是不是煩惱？」

　　問：「那要看我們對處理事情的信心跟能力。」

　　答：「跟這個無關。」

　　問：「能夠處理的話，煩惱當然就減輕一點。」

　　答：「你能夠處理的話也是煩惱的。像你這樣認知的話就表示你對煩惱本質還不了解。這事情能處理就是你有能力處理這事情。你把事情處理掉了，心裏還是會想：『你看我的能力很好，我能夠處理，我一點煩惱都沒有。』這樣到底有沒有煩惱？你沒有辦法處理這件事情，搞不清楚，去請教別人，問到最後還是沒有辦法處理。你盡力去處理，沒辦法處理就沒辦法處理，這樣子有沒有煩惱？」

　　問：「有這樣子的決心的話應該那就是沒有煩惱。」

　　答：「不是決心，這跟決心有什麼關係？」

　　問：「把它丟到一邊去，不理它。」

　　答：「理不理它都還是煩惱，你有要理它或是不理它的心都是煩惱的。

　　你有『能處理』或是『不能處理』這種心的出現，這都是屬於煩惱邊事。

　　我就是這樣處理，這就叫做如實。如就是這個樣子。

這個事情就是這個樣子，事情出來以後就是你能處理或是不能處理，或是處理的過程怎麼樣，或是處理後會發生什麼事情，除了這些之外，你的心沒有在其他的，這樣就叫做如，叫如來如去。

但是你處理時：『你看我有能力，你看看！我不只是能夠處理，我還能先表演一下花式一下再處理，你看看我能力多大！』這是我執嘛。不能處理就說：『我好煩！好煩！好煩！』這是煩惱嘛！這一切都是煩惱。『我做這麼多就好了，我不理它了。』這也是煩惱，因為你不光是處理這件事情而已，你的心裡生了好多複雜的心念，是不是？你心裡生了很多複雜的心念。

什麼叫做如實處理事情？這樣子處理就是了。除了這樣子處理之外沒有其他的。我應該怎麼處理就怎麼處理，那這樣子的生活是不是悟的生活？這樣子的生活會不會自在？比起一般人當然自在多了，但是問題在這邊，我們對一般眾生必須讓他們想得到這種生活，所以就跟他講說：『你這樣就能夠逍遙自在。』逍遙自在的人裡面有什麼逍遙自在不逍遙自在？他只是很快樂而已。

你跟他講說：『你很逍遙自在。』他說：『有嗎？』逍遙自在是什麼東西？逍遙自在是用比較的。如果逍遙自

在只是「就是這樣子」，那也可以說啊。

什麼叫解脫？根本沒有解脫這種事情，是因為你沒有解脫所以必須講解脫。如果大家都解脫了，還有什麼解脫不解脫？沒有這樣東西，你還要解脫什麼東西？

諸位讀過心經吧？「觀自在菩薩，行深般若波羅蜜多時，照見五蘊皆空，度一切苦厄。舍利子，色不異空，空不異色。色即是空，空即是色，受想行識亦復如是。舍利子，是諸法空相，不生不滅，不垢不淨，不增不減。是故空中無色，無受想行識，無眼耳鼻舌身意，無色聲香味觸法。無眼界，乃至無意識界。無無明，亦無無明盡。乃至無老死，亦無老死盡。」

沒有無明，所以也就沒有無明盡這件事。因為我們有無明，所以有「無明盡」或「不盡」這回事，無明有或沒有是因為有無明的有或沒有。無明這東西本來就是虛妄的，那還有「有無明，或無無明，或是無明盡」這事情嗎？沒有嘛！對眾生而言，這是黃葉止啼，拿個東西哄哄小孩子的。不跟你說這東西比較好吃的話，你不會放到手上，但是你真正得到以後，你已經長大了，不需用這個東西來欺騙你自己，你就是活的很好，就是這麼一回事，就是如來，無所從來、無所從去的如來。」

問：「平常禪坐所說的明心見性是什麼涵義呢？」

答：「明心見性就是明瞭這個心是沒有無明，也是沒有無明盡的，是不生不滅的，明瞭這些就是見到諸佛的體性了，就開悟了，所以明心見性就是開悟意。開悟不是悟了什麼內容，不是往外去了解一大堆道理。而是把本來這個事實了解清楚而已，從來不煩惱了。不是說你開悟後頭會長兩隻角，或是會變成什麼東西，只是看到你原原來來的因緣法，一一因，一一緣，如此因緣去行事就是了。這裡面沒有顛倒夢想，也沒有恐懼，也沒有種種恐怖，也沒有任何罣礙。明心見性能夠心無恐怖是因為沒有罣礙的緣故。不然你們平常所說的明心見性是什麼？」

問：「禪宗有所謂的『虛空粉碎』等等…」

答：「虛空本來就是破的，今天才忽然發覺它是用膠帶黏在一起的，很高興的說：『啊！我知道啦！』這『虛空粉碎』是什麼意思？有一天忽然發現它是用膠帶黏的。你不要被騙了，以為虛空粉碎是有一個真的虛空粉碎了，這是形容開悟時候心裡的一種覺受，對虛空那麼堅固、那麼堅實的感覺，原來是笑話。

證悟時有時候身心會有很奇妙的變化。有的禪者在山上開悟後哈哈大笑，因為他心裡面太開懷了，一笑聲聞數

十里，一般人會感到不可思議。你問禪師是怎麼一回事，禪師答：『虛空粉碎了！』真的粉碎，因為他看到虛空已經粉碎。」

問：「事證還有所謂的四加行的顯現。老師書上寫的：打坐時看到《華嚴經》所描述的境界，並說您以前尚未看到《華嚴經》相類的境界，可是達到那個境界以後與《華嚴經》對照，發現它們完全相同。我們很難期望達到這個境界。」

答：「對啊！很難期望達到這個境界。大家都希望達到這個境界。我現在跟你講的東西是最根本的。好比你到過玉山，看到玉山的景色，然後告訴別人說你看到了什麼，人家是不是感覺到很新奇？你要去看玉山的景色要怎麼辦？走路過去就對了，是不是？或是坐車去就好了嘛，你何必在半路上一直問：『老師，老師，請你把那玉山的景色搬過來給我看看吧！』到過玉山的人是不是覺得你很奇怪？因為他們已經看到玉山了。你不去玉山，而老是想在這裡看到玉山，這倒是很奇怪。

你老是問開悟怎麼會是這樣、是那樣，我來看這是很自然的狀況，對我來說，一點都不奇怪。為什麼？因為你到那邊，你就是這樣子。所以如果我現在跟你講虛空粉碎

是什麼東西,你怎麼想呢?我跟你講玉山日出是怎麼樣,你就開始想大概是這樣子。可是這裡有個問題,有一天你真的看到玉山,會覺得它跟老師看到的不大一樣,會發生這樣的問題。現在最重要的是知道玉山的景色不錯,不要在心裡先幻想玉山是怎麼怎麼。現在先儲備資糧,把時間也空下來,我們到玉山去看一看。開悟絕對不是奇怪的事情,你開悟時就會發現它原來是這麼自然。你了解我的意思嗎?」

問:「為什麼解脫、開悟時不像古德、禪師有那種境界出現?」

答:「怎麼會沒有?有啊!只是你們還沒有證到。」

問:「那我們為什麼還沒有證到?」

答:「那要問你自己啊,問我幹什麼?這不是我的事情,你有沒有開悟是你的事情。」

問:「那我的缺點在那裡?」

答:「你的缺點就是問題太多。我的意思不是說你不能問問題,而是說你們心中想得太多,做得太少。真的是做得太少,想得太多,而且想得太複雜了。

你們到時候證得這境界,真的是不可思議,但絕對不是想出來的,是很實在的。我建議大家,它是一個很踏實

的事情，我修行很差，我修學假如有一點喜悅的話，依我修行的經驗有幾個因素。

第一個，我是為了生死之事來學佛，因為生命太苦了。我看過生死的問題，如果我不修學佛法，人生就沒有希望，我是這樣的心來學佛的。

第二個，我修學時不只是自己感覺苦，我感覺到要替生命找一個出路。所以我對眾生充滿了很深的關懷之情。不敢講慈悲心，但是對他們有一種慈悲的心。

第三個，我的心很廣大，也很單純，佛經教我怎麼做，我就如如去做，我不會對種種的境界產生妄想，或是期望自己達到什麼境界，我從來沒有這樣想過，但是經上講到的我要做到。我一直以悲心希望能幫大家做一些事情，發起這個心。我的時間不多，我甚至修行的時間也不太多，因為忙著幫助大家，為大家服務做事情。很單純的想這樣做，所以反而受用很大。

古德好像不錯，但是你也不要太擔心，因為你看到的是兩千多年來累積的事情，累積的故事那麼多，你能開悟，以後寫起來故事也很多。所以說你也不用太擔心，你也不見得比古人差太多。你想想，古人讀這麼多佛書的也不太多，對不對？要有平等心，不要覺得古代的人比

較好，現代的人如何如何。我們現在要想的是如何努力去

做，達到圓滿的境地。」

2 觀相念佛──
觀察佛陀的圓滿相好

上一章我們講到持名念佛中的散心持名與定心持名兩者，本章開始講觀相念佛。

觀相念佛在早期是從觀像開始。現在佛像很多，但是在早期佛像很稀少。有造像的地方是在佛的塔寺、塔廟，裡面有諸佛的造像。早期要觀佛像很困難，因為沒有印刷品，必須到寺廟去坐在佛的前面來做觀想。先做觀像，觀像清楚了才有所謂的觀想。如果說對象完全不清楚，如何去觀想？大家可以參考《坐禪三昧經》或是《思惟略要法》。《坐禪三昧經》〈第五治等分法門〉談到念佛三昧說：

「第五法門治等分行，及重罪人求索佛。如是人等當教一心念佛三昧。」

業障重的人要教他做念佛三昧，等分行者是貪、瞋、癡各種意念等分，有些人貪心重的要教他修不淨觀，瞋心

重的要教他修慈心觀，等分行的人要念佛。有時候是對治的方便，一個法門不只對治一種，對治方便有時候講法不一樣，並不統一。這裡講等分行及重罪人要教一心念佛三昧。

「念佛三昧有三種人，或初習行、或已習行、或久習行。若初習行人，將至佛像所，或教令自往諦觀佛像相好，相相明了，一心取持還至靜處，心眼觀佛像，令意不轉繫念在像不令他念，他念攝之令常在像。」在這裡是把它分成初習、已習、久習。初學的人，把他帶到佛像前，或教他自往諦觀佛像相好。就是教他到去佛像前去看佛像的相好。看到相相明了，三十二相、八十種好看得明了，攝取佛的影象，回到安靜的地方，把心放在像上，心念跑掉就趕緊把它收回來。

「若心不住，師當教言。汝當責心，由汝受罪不可稱計，無際生死種種苦惱無不更受。若在地獄，吞飲洋銅食燒鐵丸。若在畜生，食糞噉草。若在餓鬼受飢餓苦。若在人中貧窮困厄。若在天上失欲憂惱。常隨汝故令我受此種種身惱心惱無量苦惱，今當制汝，汝當隨我，我今繫汝一處，我終不復為汝所困更受苦毒也。」如果心不能安住在像上，師父應該教說：「你應該責備自心，因為你而受罪

不可稱計，無量生死當中種種苦惱無不更受，在地獄道、畜生道、餓鬼道種種苦惱。現在教你置心一處，看到佛像。」初學的人是這樣觀像。

「是時當更念言：「是誰像相？則是過去釋迦牟尼佛像相。如我今見佛形像，像亦不來我亦不往。」如是心想見過去佛。初降神時震動天地，有三十二相大人相。」這是誰的像呢？是過去釋迦牟尼佛的像，但是我現在看到佛的形像，像亦不來我亦不去。心想見過去佛，從兜率天下生時，震動天地。有三十二大丈夫相，八十種隨形好等等。這是觀佛的生身。從觀像到觀想的方法，可以參考姚秦鳩摩羅什法師所譯的《思惟略要法》中的〈觀佛三昧法〉：

「佛為法王，能令人得種種善法。是故習禪之人先當念佛。念佛者，令無量劫重罪微薄，得至禪定，至心念佛佛亦念之。如人為王所念，怨家債主不敢侵近，念佛之人諸餘惡法不來擾亂，若念佛者佛常在也。云何憶念。人之自信無過於眼，當觀好像便如真佛，先從肉髻眉間白毫下至於足。從足復至肉髻。如是相相諦取還於靜處。閉目思惟，繫心在像，不令他念。若念餘緣攝之令還。心目觀察如意得見。是為得觀像定。

當作是念。我亦不往像亦不來。而得見者由心定想住也。然後進觀生身便得見之。如對面無異也。人心馳散多緣惡法。當如乳母伺視其子莫令墮於坑井險道。念則如子行者如母。若心不住當自責心。念老病死甚為切近。若生天者著於妙欲無有治心善法。若墮三惡道苦惱怖懷善心不生。今受妙法云何可不至心專念耶。又作念言。生在末法。末法垂已欲滅。猶如赦鼓開門放囚。鼓音漸已欲止。門扉已閉一扇。豈可自寬不求出獄。過去無始世界已來。所更生死苦惱萬端。今所受法未得成就。無常死賊須臾叵保。當復更受無央數劫生死之苦。如是種種鞭心令心得住。心住相者。坐臥行步常得見佛。然後更進生身法身。得初觀已展轉則易。」

佛為法王。能令人得到種種善法。所以習禪的人應該先念佛。念佛能夠讓我無量劫重罪微薄得至禪定，使重罪變成輕罪，能夠得到禪定，「至心念佛佛亦念之，如人為王所念怨家債主不敢侵近」，就像以前住家都要掛一張與大人物合照的照片，黑白兩道就比較不敢來找麻煩了，世間法都是這樣子。出世間法，我們常常念佛，佛也會憶念我們，護法也會保護我們，壞的鬼神來找我們也要先想想會有什麼後果，「如人為王所念怨家債主不敢侵近，念佛

之人諸餘惡法不來擾亂」。

如果念佛的話，佛就常在，要如何憶念呢？人的自信沒有超過眼睛的，眼睛是最厲害的。觀察一個好的佛像如同真的佛一樣，從肉髻眉間白毫觀想到足，再從足觀到肉髻，三十二相次第觀察，看清楚後回到靜處，「閉目思惟繫心在像不令他念」，若心念跑到其餘的地方就把它攝回來，「心目觀察如意得見」，想見佛就見到了，這叫做得觀像定。先觀像然後隨時隨地能夠看到叫觀像定。

心裡面要思維，我沒有去，像也沒有來，我之所以見到佛是因為心想而得定。進一步觀生身觀。文中勸我們要好好的學，「人心馳散多緣惡法」，要時時鞭策我們的心，讓我們的心安住，不要追隨惡法。心住相的人，行住坐臥都能見佛，不是只有打坐才能見佛。然後進到生身法身，得到初觀以後展轉則易，能夠見得更深刻。這是觀像觀。初始觀想就是依止這些方法。

觀像念佛──觀察佛陀相好了了分明

現在讓我們來看看偈頌：

行人初習觀佛像　　諦觀相好了了明
先觀頂髻眉白毫　　下至於足還觀頂

一心憶持還靜處　　心眼觀相心不動

繫念在相無他念　　至心念佛佛念之

「行人初習觀佛像，諦觀相好了了明。」依據《思惟略要法》的方便，我們剛剛學習觀佛像，仔細觀察佛的相好了了分明，要從那邊開始觀起？「先觀頂髻眉」間「白毫」相，眉間有一根白毫右旋，接著觀三十二相，八十種好，「下至於足還觀頂」，下到腳後再還觀頭上。三十二相，八十種好，各種經本描述稍有差異，然而大體雷同。「一心憶持還靜處，心眼觀相心不動，　繫念在相無他念。」如何觀三十二相，八十種好？可以參考《坐禪三昧經》〈第五治等分法門〉與《禪祕要法經》（卷2）它是從腳開始講起。所以要觀的話，從後面觀起，可以對照著看。

先講《禪祕要法經》（卷2）：

「應當諦觀頂上肉髻，見頂上肉髻，髮紺青色，一一髮舒長丈三，還放之時右旋宛轉，有琉璃光住佛頂上。如是一一孔，一毛旋生，觀八萬四千毛皆使了了。」

佛頂上髻髮是紺青色的，佛的頭髮是捲髮，舒長時有一丈三尺長，把拉長的頭髮放鬆，它會右旋捲成原狀。有透明的光明住佛頂上。每一個毛孔，一毛旋生，如此觀察

每一個毛孔，八萬四千毛孔都觀得很清楚。

「見此事已次觀像面。像面圓滿，如十五日月，威光益顯，分齊分明。復觀額廣平正，眉間毫相，白如珂雪，如頗梨珠，右旋宛轉。復觀像鼻，如鑄金鋌，似鷹王嘴，當于面門。復觀像口，脣色赤好，如頻婆羅果。次觀像齒，口四十齒，方白齊平，齒上有印，印中出光，如白真珠，齒間紅色。」

接下去觀臉。臉像每月十五日的滿月，「威光益顯，分齊分明。」菩薩的臉與佛的臉不一樣。佛的臉是圓的，如滿月，菩薩的臉比較長像雞蛋。額頭寬廣平正，眉間白毫，白如珂雪，像琉璃珠一樣，右旋宛轉。「復觀像鼻，如鑄金鋌，似鷹王嘴，當于面門。」接下去觀鼻子非常挺直，像鷹王的嘴，中國人對這一點恐怕會有一點一見。佛陀的鼻子應該很飽滿，不應該像鷹王的嘴那麼尖。再觀佛像的口，脣色赤好，如頻婆羅果，很紅潤的。這也牽涉到印度和中國不同文化的審美觀。

再觀牙齒，佛有四十顆牙齒，一般人只有三十二顆牙齒。觀佛的牙齒「方白齊平，齒上有印，印中出光，如白真珠，齒間紅色。」牙齒上的印會出像白真珠一樣的光明。佛的牙齒不只是單純牙齒而已，上面還有紋路。齒間

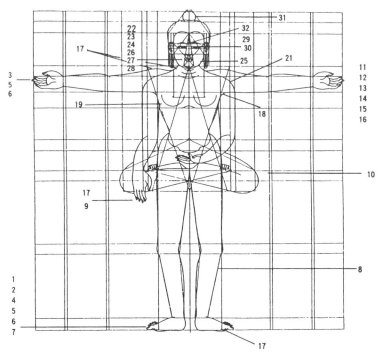

1. 足下安平立相	12. 毛上向相	23. 齒齊相
2. 千輻輪相	13. 一毛孔一毛生相	24. 牙白相
3. 長指相	14. 金色相	25. 師子相
4. 足根廣平相	15. 大光相	26. 味中得上味相
5. 手足指縵網相	16. 細薄皮相	27. 大舌相
6. 手足柔軟相	17. 七處隆滿相	28. 梵聲相
7. 足趺隆起相	18. 兩腋下隆滿相	29. 真青眼相
8. 腨如鹿王相	19. 上身如師子相	30. 牛眼睫相
9. 正立手摩膝相	20. 大直身相	31. 頂髻相
10. 馬陰藏相	21. 肩圓好相	32. 白毛相
11. 身廣長等相	22. 四十齒相	

觀察佛身的三十二種相好

發出紅光。

「次觀像頸，如琉璃筒顯發金顏。次觀像胸德字萬字。眾相印中，極令分明，印印出光，五色具足。次觀佛像，臂如象王鼻，柔軟可愛。次觀像手，十指參差，不失其所。手內外握，手上生毛，如琉璃光，毛悉上靡。如赤銅爪，爪上金色，爪內紅色，如赤銅山與紫金合。次觀合曼掌，猶如鵝王，舒時則現，似真珠網，攝手不見。」

頸像透明的琉璃筒，顯發金顏。胸前有一個萬字（卍），發出五色光，手臂像象王鼻，柔軟可愛，看不見骨頭像嬰兒的手臂一樣。「十指參差，不失其所。」手十指長短很恰當。「手內外握，手上生毛，如琉璃光，毛悉上靡。」手指如赤銅的爪子，上面是金色的，下面是紅色的，像赤銅山跟紫金合。西藏傳的唐卡都畫的特別強調這點。合曼掌是說佛的手合掌時像鵝王，指間有很薄的、透明的蹼，張開時才看得到，收起來時就不見了。

「次觀像身，方坐安隱，如真金山，不前不卻，中坐得所。」身體不前傾，也不向後仰。「復觀像脛，如鹿王，傭直圓滿。次觀足趺，平滿安庠，足下蓮華，千輻具足。」足下有蓮華紋。我曾教大家的「足趾走路」法，可以幫助大家達到這個目標。常用腳趾走路，腳底會變厚，

用手按腳底可以感覺那裡多出一塊肉出來，有彈性的，腳後邊也會增厚，中間凹進去的地方會生出一塊氣墊。累的時候這塊氣墊就會消下去。好好走的話，氣就會飽滿起來，變成平滿。好好走路的話，三十二相就會具足，膝蓋部分會變得比較圓，這就是鹿蹲相，膝蓋後面凹下去的部分會變平，好像氣墊一樣。凹下去的地方就是氣不足。

「足上生毛，如紺琉璃，毛皆上靡。腳指齊整，參差得中。爪色赤銅，於腳指端，亦有千輻相輪。腳指網間，猶如羅文，似鴈王腳。」用這樣的次第來觀察。這種一項一項觀察的方式帶到前面對照著觀。

大家回去以後要怎麼觀呢？可以把把三十二相，八十種好的觀照方式也影印起來，互相對照，這樣就知道怎麼觀了。這裡有個問題，本段經文的觀想方法與我們剛剛講的觀想方式是相反，它是從腳講上去的。

「有三十二相大人相。一者足下安平立，二者足下千輻輪，三者指長好，四者足跟廣，五者手足指合縵網，六者足趺高平好，七者伊尼延鹿蹲…」

先觀頂髻、眉白髮，下至於足，還觀頂，先從〈三十頁〉觀起，從第三十二相反觀回來。先觀第三十一相，「頂髮肉骨成」，頂髮就是頂上的髻，毛髮右旋，是紺青

色的，頂髻浮起，裡面是透明的。我會找時間把三十二相整理好再發給大家，我們來做一張三十二相、八十種好的觀想表，可以拿《造像量度經》標準的圖解放在前面。後面加上三十二相、八十種好的表，加上解釋，印好了給大家，修念佛三昧使用就方便多了。

　　我們先觀頂上肉髻，再觀眉間白毛，「眉間白毛長好右旋」。「眼睫如牛王」，眉毛像新月形，眼睛像牛王，睫毛很長，眼睛很大。印度人有的眼睛很漂亮，大大的，睫毛很長，就是這樣。印度人就是這樣子的眼睛。眼睛是紺青色，就像嬰兒的眼睛，有一點藍色，眼睛表面是透明的，紺青色從後面透出來，就像無雲晴空的藍色，不是直接看到藍色，藍色的前面罩著一層水晶，就是這種感覺。或是像海，海水只取一點的話，是白色的。但是馬爾地夫的海是什麼顏色？藍色的。就像乘坐透明的潛艇，或是海底觀賞船潛入海底的那種感覺，佛陀的眼睛就是那種顏色，見到法性也是那種顏色。

　　真正的武林高手，功夫很好的話，太陽穴都會鼓起來，眼睛很亮很銳利，這是初期的功夫好的，再過來返樸歸真，眼睛晶瑩剔透的像水晶一樣，如果能了解這一點就表示對高手有一點體會，我自己不是武林高手，但是以前

也有這種光明外露的經驗，我以前在大學時，很多人當面不會看我的眼睛，看我的眼睛好像被兩盞燈光照到一樣。還有人看我，我回看一下會讓那人覺得全身發麻。那時是金光外露。現在不會這樣了，不是說境界比較好，而是說到最後感覺很平常，會有這種現象。

佛陀的聲音如「迦蘭頻伽聲」，「梵音深遠」。佛陀的舌頭廣長而薄，舌頭如果很短或是很厚，像豬的舌頭，那就不會講話，或是語音不清楚。舌頭很薄很柔軟，講話聲音才會清楚，味覺才會比較好。現在還有主張早晚刷刷味蕾，把舌苔刷掉，吃東西才覺得好吃，吃東西漱漱口當然更好。打坐時常常有唾液產生，會把髒東西洗掉，自然能得上味。

修行很好的，修行時六根都會很敏銳，能夠感覺到東西的美，眼睛看東西感受不一樣，看到花覺得花特別漂亮，因為眼根比較好。像凡夫俗子雖有眼睛沒有心，心已經死了，看一朵塑膠花跟看一朵真花沒有什麼差別。舌頭也一樣。佛陀的舌很敏銳，講話聲音很好又不容易講錯話，控制得宜，味中可以得到上味。

佛陀的「頰方如師子」，「四牙白而大」，「齒白齊密等而根深」。「四十齒」，「肩圓好」，大家看看自己

的肩膀，大部份不圓好，按一下看看，是凹下去的。肩圓好是肩膀圓滿，中間不會下陷。但這不是全身長滿肉，長滿肉的話按下去就是肉。但是佛陀的相好是像嬰兒的身體一樣，是皮包起來，按下去是氣機飽滿的。

佛身不見骨是因為他沒有節竅的地方，節竅的地方都是氣包起來，是平滿的。「身大好端直」，「上身如師子」。佛陀的「兩腋下平好」，我們按看看自己的腋下，凹下去的就是不及格，凹下去的人，別人要傷你們很容易，從你腋下一拍，就受內傷了。這一條氣是最脆弱的，一打就吐血，這邊氣足的話會平滿起來。這不是肌肉，一般是鍛練出肌肉，可是下面還是凹的，佛身腋下整塊是圓的。

大家可以看看拙著《應無所住》及《妙定功》，是依佛身三十二相所發展出來的。我個人對三十二相有些體會。在我發生車禍之前，我的肩是圓的，整個氣包起來的，發生車禍以後就不行了。直到現在我右邊的肋骨還有兩根是斷的，左邊也受了很重的傷，但是基本上還是腋下飽滿的，我身體肋骨與腰銜接處還凹下去，還是會受傷或是產生酸痛，佛身此處也是圓的。這個跟我們全身完整的經絡有關，修到最後全身的經絡會很完美，氣都很飽滿，

不只是像中脈的飽滿而已，更深，這都是很實際的東西。本來很多人都認為車禍之後，我的功夫大概完了，身體也不可能恢復了，但是後來妙定功的產生，使我的身體又產生了極大的變化，也印證了佛身的相好確實是可當生成就的。

「七處滿」，是指佛的兩足、兩手、兩肩及頸項等身體的七處都是平滿的，一般人則是凹下去的。另外還有一個地方，大家膝蓋背面那個地方是凹下去的，佛陀不會，一般人凹下去的地方，佛陀都是圓滿的。

再來「皮薄好」相。這是身體健康的象徵，中醫所說的氣走皮下，氣不走的話就是死了，一般來講為什麼得氣？是皮下走。功夫練得越好皮越薄，但是越堅滿，氣會在皮下走。這要看皮跟皮交接的地方，關節的地方，氣都是過的，氣不走，關節處按下去很明顯，氣足的話按下去會覺感有氣墊在，按下去比較滑。

「身光面一丈」，佛身的光明，側面一丈，正面也一丈。我們看佛像，很少從側面看，所以畫出來都是正面光明一丈，其實從旁邊看也是一樣。佛身的光明是一個圓球體，籠罩著整個佛身，地下的部分看不太到。「身色勝上金」，佛陀的身體是金色的。以前老是認為怎麼可能有金

色的身體？後來發覺倒是真的有可能。我自己對佛身的觀念跟自己的經驗有關係，一般人對佛身的觀念都是看書得來的，而我則是親身體驗，就更能了解了。

1983年，我在山上閉關時，有一天在陽光下走著，感覺到皮膚裏透出一點一點金色的光明，仔細一看，是身上的皮膚泛出金色，而是一點一點是金色的。這是怎麼回事？又不是像電影十八銅人陣，在身上塗金，怎麼會這樣子呢？而且那種影像，如果沒有反光的話，看得不是很清楚。後來我託人請教陳健民上師，他說這是「舍利外現」的現象，體內的舍利（精華）顯現。

這讓我想到，原來佛身整個內在的氣脈明點全部改造之後，身體如真金色也是如理的，這是可能達到的。在曠野看是真金色的，我們如果於近處仔細看會是什麼顏色？是全部都是金色的呢？還是一點一點的金光晃耀的感覺？我想這兩個都可以再討論吧。

「毛生上向而右旋」，毛往上生而右旋，每一個孔都生一根毛。「尼俱盧陀身」是身縱廣平等的樣子。「馬陰藏相」，由於沒有欲望，男根平常是縮進身體內，不會外顯的，和馬一樣。第八「平住手過膝」，佛陀的手很長，自然放著時超過膝蓋，變成縱廣平等。第七「伊尼延鹿

蹲」，佛陀的膝有點圓，站立時是放鬆而不會挺直的，膝蓋後面有一塊氣墊，站著很舒服。如果挺直的話，會變成硬骨頭一樣硬梆梆的，氣不順。

「足趺高平好」，足趺是腳背，高平而美好。「手足指合縵網」，佛陀的手指的指與指之間，腳趾與腳趾之間，都有縵網相，一張開就會顯現。「足跟廣」，是足跟背後平滿。「指長好」，是手指細長美好。「足下千輻輪」，佛陀腳底有千輻輪紋，「足下安平立」，佛陀的足底是氣機充足平滿的，有自然的氣墊。

以上是佛身的三十二相。先從第三十一相觀起，次觀第三十二相，再觀回來。我們有時間把每一個相都畫出來，可以慢慢觀察。

再接下去有八十種好。三十二相是大相，是較為明顯的特徵，八十種好是小相，是較微細之處。三十二相是從腳往上講，八十種好是從頭往下講。兩者有些相同，有些比較細的部分也有相異的地方。

八十種好的第一個叫「無見頂」相，是佛陀的頂髻，沒有人可以見其頂。第二個是「鼻直高好孔不現」相，鼻子不露孔，是蓋住的，很飽滿的。「眉如初生月紺琉璃色」，眉如新月，紺琉璃色，這要用毛筆畫，可以畫出柔

軟的感覺就很漂亮了。「耳好」，耳朵很大又好，「身如那羅延」，那羅延是具足金剛力的天神，是保護神。

「骨際如鉤鎖」，骨頭與骨頭的連結很好，像我們骨頭，如果你知道關竅的話，一頂就斷。佛陀的骨頭連得很好，你一頂他會很圓滿的守護好，不會受傷。「身一時迴如象王」，佛身轉動很漂亮，像象王一樣很自在的轉動過來。禪宗祖師寫了這樣的詩句：「獅子一吼芳草綠，象王回首落花紅。」就是這種意境。

第八相對我們來講比較難，「行時足去地四寸而印文現」，行走時腳離開地面四寸，足下好像會噴氣，一按下去印文會出現。以前的人供養佛足印就是此意。「爪如赤銅色薄而潤澤」，「膝圓好」，如鹿蹲相。

「身淨潔」，「身柔軟」，「身不曲」。身不會像老先生老太太駝背躬著，因為他的氣足，所以你們身曲的人要自我檢討一下，目前不能達到圓滿的佛身，至少要學他身不曲。「指長圓纖」，佛陀的手指又長、又圓、又纖細。「指紋如畫雜色莊嚴」，很漂亮。「脈深不現」，靜脈深藏不現。「踝深不現」，「身潤光澤」，「身自持不委陀」，「身滿足」，「容儀備足」，「住處安如牛王立不動」，站的時候安祥像牛王站立不動。「威振一切」，

「一切樂觀」。這裡面有一些是現象上的，有些是感覺的。

「面不長」，臉不長，「正容貌不撓色」，容貌很安祥。「脣如頻婆果色」，嘴唇像蘋果一樣紅潤，「面圓滿」。

「響聲深」，佛陀講話的聲音有共鳴，很好聽。像我的聲音就有缺憾，沒有尾音，響不夠深，所以有些人聽不大清楚我講話，最主要是因為我沒有尾音，這是過去沒有具足梵音的緣故，很慚愧沒有修好。

我們聽人家講話，有一種期待性，忽然斷掉的話，會影響別人對你語言的認知，你們有沒有觀察過？我其實對自己的缺點很清楚，但是有時候很難訓練，我已經改進很多，以前講話更糟糕。早年在山上閉關時，因為氣脈比較充足，舌頭柔軟，比較薄。車禍之後，身體受損得很嚴重，現在舌頭比較厚，因為脈不平整。

我對身體的狀況是很清楚的。例如，我現在講話變成舌尖的轉動，舌根兩邊的感覺不平，不敏銳，我現在講話都是用舌尖，沒有共振，沒有磁性。如果改變方式，把它放鬆，講話的音調就豐富了。再加喉嚨放鬆，心輪放鬆，講話就有金屬的聲音出來了。手指再放鬆，講話的聲音就

更不一樣了，再加上腳底放鬆，因為脈沒有完全通達，只能做出那種行式讓大家去體會，但是現在講話的聲音共鳴度比較大，到時候可以產生全身的共鳴。全身共鳴，同樣的音會一音多顯，各種頻率的聲音都會出現。

如果現在我改變一個方式講話，舌頭是緊張的，那麼舌頭就會捲不過來，「花」或「發」就分不清了，因為聲音轉不過來。如果舌根放鬆來講話，這樣發音就清楚多了，音也就比較容易轉得過來了。這也牽涉到身體的狀況。如果身體很強健時，會發覺舌頭比較柔軟。這是很真實的，大家要好好體會。

大家的身體的狀況都比我好，自己好好的去體會、改善。我工作太忙，再加上車禍強力的撞擊，肋骨斷掉兩根，沒有接好。我睡覺時蠻辛苦的，我睡覺時如果右側臥，聲音一定比較大，馬上有阻塞的聲音出現，因為堵住了。但是左側臥又不舒服，因為心臟被壓在底下。左側臥還有一個更大的問題，我沒有脾臟。所以我右側臥，這邊是堵著很難過的，我要右側臥不容易，長期的不舒服，斷掉兩根肋骨，還是堵住，左側臥心臟壓著很不舒服。右側臥這邊壓著聲音就變了，氣道堵住了。車禍時脾臟受傷太重而拿掉了，現在沒有脾臟，這也是我講話沒有尾音的原

因。像我現在把脾臟觀想起來，講話聲音就比較好了。但是我平時做事很專注，不能夠常觀想這邊。右邊肩膀因為車禍時受到衝擊，氣堵住，肩膀有時候會有硬塊，這些都是很現實的事情。

講這些做什麼呢？像我這樣嚴重受損的身體，對佛身還能夠體會，知道它的轉變，大家應該有更大的機會。

我們好好的觀想佛身，不只是佛陀才具有的，常常觀想佛身，你的意識裡面是不是也注入佛身的種子？你的心念有佛身，身體會變。常常觀想佛身，你的身體從裡面的氣脈明點到身的外相馬上改變，而且健康程度一定改善。觀想佛身是很微妙的，所以說消除業障是很真實的。觀想佛身，第一個健康程度能改善，第二個一定會長壽，第三個心中會自然生起歡喜，而且妄念或是罪業的念頭比較不容易產生。所以說念佛三昧有實質的幫助。

佛陀的每一個相好，都是有其入在意涵的。

經典裡面有多處提到。在《瑜珈師地論》〈四十九卷，本地分中菩薩地第十五第三持究竟瑜伽處建立品第五之一〉裡面有講到：

「依如來住，及依如來到究竟地，諸佛世尊有百四十不共佛法，謂諸如來三十二大丈夫相、八十隨好。…菩薩

於戒、禁、忍及惠捨中善安住故,感得足下善安住相。」
菩薩於戒、禁、忍,還有惠施捨當中安住,他布施、持戒
圓滿的緣故,能夠感得足下善安住相。布施福德夠,持戒
不缺,根基安穩,所以說佛陀站著很舒服,佛陀的腳像氣
墊一樣很舒服,所以說能夠感得足下善安住相。

「於其父母種種供養,於諸有情諸苦惱事種種救護,
由往來等動轉業故,感得足下千輻輪相。」對父母種種供
養,對諸有情、諸苦惱事種種救護,由於往來轉動業力的
緣故,現起的莊嚴就感得足下千輻輪相。

「於他有情遠離損害及不與取,於諸尊長先語省問,
恭敬禮拜合掌起迎修和敬業,於他有情深心所喜所愛財位
不令乏短,及能摧伏自憍慢故。感大丈夫纖長指相。」

每一個相都是一種道德的象徵。什麼緣起來引合這個
相。大家要了解有這樣的東西。

我自己的聲音不夠圓滿,身體由於車禍受損的緣故,
也有很多不圓滿,但是我依佛法因緣故改善很多。修持佛
法就可以成就三十二大丈夫相、八十種好,而且這一世就
可以改善很多。像我的耳朵的相也不是現在這個樣子,以
前不是這個樣子,我改變了耳朵的相。以前頸部不是這個
樣子,現在整個都圓起來了,頸圍從十四寸半變到十六寸

半，整個都圓起來，下巴三道，胸腔變成方形的，像獅子胸一樣，這都是改變過的。

一般人的骨頭是散開的，尤其是腰骨、髖骨，都是散的，沒有鉤鎖住，沒有連起來，氣不通，很容易酸痛。將來修行得力了，手輕輕一提，從骨頭的中心點到指端，有一體的感覺，你們現在絕對沒有一體的感覺。抓東西沒有一體的感覺，不像嬰兒。嬰兒抓東西一抓就抓了，他的身體是串在一起的，你們沒有辦法。但是慢慢的修習，你們也可以達到。

婦女生產過孩子後骨盆會變化，因為它要擴開，慢慢修練的話它會再回復少女的身形，而且是平整的，男眾也一樣，平的話就是代表氣脈在改變。之前教大家的腳趾頭走路、放鬆禪法，最終目標都是幫助大家建立三十二相、八十種好，成就圓滿佛身。我教的方法都是很深刻的。如果再加上對三十二相、八十種好的了解，最重要是對佛心的體會，功德的建立，跟密教的佛身觀加起來的話，絕對比傳統的密法傳承能更快建立佛身。

「臍圓深不出」，臍很圓，深而不出。「毛處處右旋」，「手足滿」，「手足如意」，內外握很容易轉，很容易結手印。「手足文明直」，「手文長」，「手文不

斷」。「一切惡心眾生見者皆得和悅色」，「面廣姝」，
「面如月」，「眾生見者不怖不懼」。「毛孔出香風」，
練香功的人應該來找這個理論。「口出香氣，眾生遇者樂
法七日」，「儀容如師子」，「進止如象王」，「行法如
鵝王」，「頭如磨陀羅果」，「聲分滿足」，聲音各種
分佛陀都有。「牙利」，「無漢名故不得出也」，漢語中
沒有相對應的名詞，沒有辦法翻譯。「舌大而赤」，「舌
薄」，「毛純紅色色淨潔」。這裡面有些小地方會有出
入。我想這些差異不重要，我們要取大相。

　　「廣長眼」，「孔門滿」，每一個孔都很圓滿。這裡
面少了一個，有一個沒有翻譯出來，整理時候再校對，我
們現在把大要弄清楚就可以了。「手足赤白如蓮華色」，
「腹不見不出」，佛陀不會有大肚子，但也不要會瘦如
柴。「不凸腹」，「不動身」，「身重」，身重不是很
重，是身體的質很好，比較重的意思。「大身」，「身
長」，「手足滿淨」，「四邊遍大光光明自照而行」，晚
上走路大概不用點燈。「等視眾生」，「不著教化不貪弟
子」，「隨眾聲滿不減不過」，「隨眾音聲而為說法」，
「語言無礙」，「次第相續說法」，「一切眾生目不能諦
視相知盡」，一切眾生無法瞪著他的眼睛看，因為佛陀很

有威儀。「視無厭足」，「髮長好」，「髮好」，「髮不亂」，「髮不破」，髮不破是髮不分叉。完全具備現代人所追求的最好的髮質。「髮柔軟」，「髮青毘琉璃色」，青毘是綠色。「髮絞上」，「髮不稀」，「胸有德字手足有吉字」。

佛具有這些相好，可以從頭觀下來，再從腳觀上去。將來我們要做的，第一個三十二相觀出來，八十種好觀出來，第二個就是把三十二相、八十種好合在一起觀。希望未來能做出這幾個東西給大家做觀想方便。雖然在禪堂上大家一直在觀佛像，但是好像沒有人整理出來給大家一個一個觀。有機會我們可以再做下一步，把它做成投影片，一本彩色的觀佛，教大家如何觀佛像，給大家方便。大家來盡力完成這個緣起吧，給初修者方便。

有些事情我講了以後希望大家繼續推動，因為我要做的事情很多，有時候人總是會從自己的生活經驗去做很多事情，太忙的話有些事情就不會去想到。有些事情大家先幫我處理到某個程度，我再接下去做會比較快。現在許多事情我得從頭做到尾，觀佛身，如果我時間不夠的話，有時候我不會記得，因為這對我來講不是很重要，要觀的話很平常，但是能夠給大家一個方便不是更好嗎？要做的話

請大家發願來幫忙完成它，如果你們把能做的基礎工作做完，再把我的經驗加上去就完整了。我現在做事經常得從頭到尾自己做，我就一個人，要應十方的需求，一身做事情實在是難，這個先跟大家報告一下。

如意得見心觀察　　得觀像定自成就

我亦不往像無來　　心定相住故得見

先從頂髻開始觀，白毫，到觀足，再從足還觀頂，你們有沒有發現這樣觀很好？這三次念佛的修法很完整，把每一個細節都補足了。大家好好的仔細觀察，這樣你們的功夫才會細密成就。

一心憶持之後還至靜處，心眼觀相心不動。繫念觀相沒有他念，自己一心一意念佛，佛一定念我們的。「如意得見心觀察，得觀相定自成就。我亦不往像無來，心定相住故得見。」用心觀察能夠如意得見，這是得到觀像定。觀像定成就是觀想初步成就。觀像定成就是相當於極樂世界的「三身觀察」，還不到「真身觀」（《觀經》所說十六觀之第九，觀高六十萬億那由他恒河沙由旬之佛身）。

三身觀察是初相，初見極樂世界三身的相。觀像定成就之後，下面這一句很重要：「我亦不往像無來，心定相

住故得見。」我沒有去像也沒有來，心定住相所以說我們能夠見到佛像。這是觀像觀。

生身觀——觀想佛陀的生活

第二個是觀生身觀。《坐禪三昧經》與《思惟略要法》都有觀生身觀。思惟略要法的「思惟」是禪觀的意思。我們看看《坐禪三昧經》三十二頁：

「光明徹照無量世界，初生行七步發口演要言，出家勤苦行菩提樹下降伏魔軍，後夜初明成等正覺。」 我們看佛三十二相、八十種好所顯現的光、境界，所有的形式。再來看看〈一百九十五頁〉《思惟略要法》〈生身觀法〉，這裡整理成生身觀法，跟剛剛是一樣的。

「生身觀者，既已觀像，心想成就，撿意入定，即便得見，當因於像以念生身。」生身觀者，觀像之後，心想成就，把自己意念收攝起來，心想得見，這是已經觀得很純熟了，一觀想，像就出來了，在前面很清楚，所以說現在要用這個像去觀生身，這個像是像「圖片」，生身就像「影片」。生身是會有行動的，所以觀想不是只有觀想不動的，不動的是基礎，再接下去是觀想有動作的佛陀。

「觀佛坐於菩提樹下，光明顯照相好奇特，或如鹿野

苑中坐為五比丘說四諦法時，或如耆闍崛山放大光明為諸大眾說波若時。如是隨用一處繫念在緣不令外散，心想得住即便見佛。舉身快樂，樂徹骨髓，譬如熱得涼池寒得溫室，世間之樂無以為喻也。」

我們觀想佛坐在菩提樹下，光明顯照，相好奇特。例如，現在我們可以觀佛在菩提樹下成道之後，走到鹿野苑中為五比丘說四諦法。或者在耆闍崛山中為大眾說法的般若時，在靈鷲山中為大眾說般若法。這樣隨用一處，繫念在緣，不令外散，就是看佛一個景、一個境。像在看電影一樣，現在看佛在靈鷲山上，說《法華經》，《般若經》，那麼心想得住，馬上能夠看到佛了，舉身快樂，樂徹骨髓。這句話要好好體會一下。樂徹骨髓，真的很快樂。像暑熱天能得到涼地，天氣很冷，嚴寒的時候得到以進到溫室之內，世間的快樂無以為喻。

這與《坐禪三昧經》所講的一樣。先看到佛陀三十二相、八十種好所有的動作，《坐禪三昧經》三十二頁說：「光明徹照無量世界，初生行七步發口演要言，出家勤苦行，菩提樹下降伏魔軍，後夜初明成等正覺。」八相成道（從兜率天下、託胎、出生、出家、降魔、成道、轉法輪、入涅槃），看著佛陀一生的過程，初轉法輪、成道、

到涅槃等等。這是觀生身，又叫做觀應身，都是同樣的。傳統觀法是觀法、報、化身，化身常常觀成一個靜的圖片，其實只算是觀像而已。修密法本尊觀，一般來講也是觀靜態的，但是到最後還是要觀成動態的，不是一個靜靜的站著。不只是平面的，而是觀成立體的，觀成立體的之後還要觀成有行動的，降服一切魔事。

我將觀察佛陀生身的方法，總攝為如下偈頌：

如實思惟心了悟　　進觀生身得見佛

觀佛安坐菩提樹　　光明顯照無比倫

三十二相八十好　　聖賢圍繞眾供養

如實現觀得成就　　心想得住即見佛

如實思惟心了悟之後，進觀生身得見佛，前面觀像最後兩句：「我亦不往像無來，心定相住故得見。」如幻觀，觀佛安住在菩提樹下，光明照耀無邊無際，或是在靈鷲山，或是在十方一切處所說經，具足三十二相、八十種好，聖賢圍繞大眾供養，我們如實現觀得到成就以後，心想得住即見佛。

現在你們心中先想，佛陀在靈鷲山演說《法華經》，或是《般若經》，虛空中有無量諸天，幾千個大眾圍繞，還有菩薩眾圍繞，天神、地神都在聽經，天女在虛空中散

花，天神在虛空中供養妙香，無量無邊，須菩提可能在問法，對不對？有沒有想起來？佛陀要先想清楚，大地的山神、地神、龍王，有些在地中，有些浮出半面，有些站立在地上，多麼莊嚴！有沒有發覺到很熟悉？這時候你們要住意，一剎那之間，很熟悉的感覺浮現，好像看過這種景象，這時候就是有相應了。

剛剛有沒有很熟悉的感覺出現？沒有？有的舉手。沒有？唉！共憶往昔事，原來在未來。很歡喜的境界，很清楚的浮現。心想得住，想到的時候就看到了。想到菩提樹下，就看到菩提樹下。任何地方都很清楚。你看得很清楚的時候，甚至到最後，你跟別人談話時，這景像都是很清楚的，但你日常的生活還是照常進行，不會相妨。

所以說從定中見，或是夢中見，到隨時隨地見，在談話的時候，行、住、坐、臥，跟別人在做事情的時候，這個境象也不散。而且也不會影響到你日常的生活。隨時隨地都明見、明了。你說這個境界怎麼樣？這個境界當然是有趣啦！而且不執著這個境界，將來我們要修持成就就很有機會了。以上是觀生身。再來觀十方佛與三世佛。

觀察十方佛與三世諸佛

《思惟略要法》〈十方諸佛觀法〉

「念十方諸佛者，坐觀東方，廓然明淨，無諸山河石壁，唯見一佛結跏趺坐舉手說法。心眼觀察光明相好畫然了了，繫念在佛不令他緣，心若餘緣攝之令還。如是見者更增十佛，既見之後復增百千，乃至無有邊際。近身則狹轉遠轉廣，但見諸佛光光相接。心眼觀察得如是者，迴身東南復如上觀。既得成就，南方西南方，西方西北方，北方東北方，上下方都亦如是。既得方方皆見諸佛，如東方已，當復端坐總觀十方諸佛，一念所緣周匝得見。定心成就者，即於定中十方諸佛皆為說法，疑網雲消得無生忍。若宿罪因緣不見諸佛者，當一日一夜六時懺悔隨喜勸請，漸自得見。縱使諸佛不為說法，是時心得快樂身體安隱。是則名為觀十方諸佛也。」

我們現在觀東方，廓然明淨，沒有諸山河石壁。牆壁、障礙物等全部變成透明的。我們看到東方有一佛結跏趺坐舉手說法，舉著說法印，面向我們這邊說法。「心眼觀察，光明相好，畫然了了」，清清晰晰的，「繫念在佛，不令他緣，心若餘緣，攝之令還。」想這佛，心念散

掉了再收回來。見得很清楚之後,再一佛變成十佛,然後百千佛,無有邊際。

近身佛比較狹,遠身佛比較廣,這不是說近身的比較小,遠身的比較大。這是說我們在這邊坐著,近身的話比較少,遠身的話,越遠越多,無量無邊,這樣擴增出去的意思。我們觀想東方有無量無邊的佛,越來越遠,轉遠轉廣。諸佛光光相接,每一個都有光圈,一個一個光圈像元宵節一個一個花燈一樣,無邊的燈海,好亮好亮,佛佛光明相接,心眼觀察,這樣子的話,迴身東南,也是這樣子光明相接。南方西南方,西方西北方,北方東北方,四面八方都是這樣子,上下方也是這樣子。方方都見如來,無量無邊。一尊佛是這樣子,無量無邊的佛也是這樣子。

觀完了以後,「當復端坐總觀十方諸佛」,都在前面,一念所緣,周匝圍繞,都見到了。定心成就的話,在定中見十方諸佛都為他　法,「疑網雲消得無生忍」,這真好。「若宿罪因緣不見諸佛者,當一日一夜六時懺悔」,就是六根懺悔,或是我們所傳的一些懺悔法門,像普賢懺悔法門,都是這樣子。「隨喜勸請,漸自得見。縱使諸佛不為說法,是時心得快樂身體安隱。」叫做觀十方諸佛。你們有沒有觀?觀了之後有沒有感受?身體有沒有

感覺到受到加持？頭腦有沒有清楚一點？這是很實際的東西，受到加持，心念比較鞏固，精神比較好，這些都是對的。念佛即得知佛有沒有加持？大家不要以為加持就是看佛有沒有把手放到我的頭上？不是這樣子，心念想到時感受不一樣就是受到加持了。因為心感即得知，心念佛佛亦念我。

請看三十二頁《坐禪三昧經》〈第五治等分法門〉：

「佛身如是感發無量，專心念佛不令外念，外念諸緣攝之令還。如是不亂，是時便得見一佛二佛乃至十方無量世界諸佛色身，以心想故皆得見之。既得見佛又聞說法言，或自請問，佛為說法解諸疑網。既得佛念，當復念佛功德法身。」

所以說念佛的功德法身不是我創造的，這是我整理出來的，應該有這一門，很重要的一門。

「無量大慧，無崖底智，不可計德，多陀阿伽度。阿犁呵，三藐三佛陀，鞞伽遮羅那，三般那，宿伽陀，路伽憊，阿耨多羅，富樓沙曇藐，舍多提婆魔㝹舍喃，佛婆伽婆。」

「多陀阿伽度」是如來，阿羅漢，三藐三佛陀的正覺。接下去是佛陀的十號。

「爾時復念二佛神德三四五佛乃至無量盡虛空界皆悉如是，復還見一佛，能見一佛作十方佛，能見十方佛作一佛。能令一色作金銀水精毘琉璃色，隨人意樂悉令見之。爾時惟觀二事。虛空佛身及佛功德。更無異念。心得自在意不馳散。是時得成念佛三昧。」

這裡面又更廣大了。見十方佛，把十方佛攝成一佛，再把一佛化成十方佛。「能令一色作金銀水精毘琉璃色，隨人意樂悉令見之。」諸佛身相廣大無邊，變化不可思議。這是《坐禪三昧經》裡面的一個方便，它把佛的功德法身與十方諸佛的虛空身合在一起觀，這也是一種觀法。在《坐禪三昧經》裡面是把它歸類於散心念。由此進修到初禪、二禪、三禪、四禪。

看三十五頁：

「爾時行者雖得一心定力未成。猶為欲界煩惱所亂。當作方便進學初禪呵棄愛欲。」

這裡見佛身，可以在欲界中觀想，由散心所成，也可以在初禪以上所成。真正要得到念佛三昧，像般舟三昧，或在初禪得，二禪得，三禪得，四禪得，這是《十住毘婆沙論》所說。

觀十方佛、三世佛，我們現在看一看偈頌怎麼：

憶念十方諸佛陀	隨彼方所得現觀
如觀東方廓明淨	光明相好了了然
繫念在佛無異念	現觀如實心悅然
如是更增十佛陀	明見更增百千佛
如是乃至無邊際	諸佛光明恆相接
心眼觀察得明現	迴觀四方與四隅
上下十方皆如是	端坐總觀十方佛
一念所緣周匝見	定中諸佛為說法
三世如來亦如是	一念得見諸佛陀

「憶念十方諸佛陀，隨彼方所得現觀。」我們東方觀東方佛，西方觀西方佛，把東方觀得明淨了，光明相好了了分明，繫念在佛沒有異念，現觀如實，心裡產生很大的快樂，「如是更增十佛陀，明見更增百千佛。如是乃至無邊際，諸佛光明恆相接。」你這樣子更增十方佛，很清楚了再看百千佛，乃至無邊際的佛，諸佛的光明恆恆相接，光光相照，光光相觸。我們繫念觀察能夠得明見，這時候再迴觀四方與四隅，四面八方，上下十方都是這樣子。

「端坐總觀十方佛，一念所緣周匝見。定中諸佛為說法，三世如來亦如是。一念得見諸佛陀。」我們這樣三世十方都是這樣端坐總觀十方佛之後，一念所緣都能周匝得

見。定中看到諸佛為他說法，三世如來也是如此，一念得見諸佛陀。四面都有佛陀，你身體裡面有沒有佛陀？當然有，有無量佛陀，再來互相相攝，進入華嚴法界。大家可以把我們講過的普賢十大願王現觀行法加進去觀。這個東西可以合在一起，每一個法門到最後都可以相應，但要如理相應不要亂想，亂湊在一起是行不通的。修行慧根了達的人是可以把一切法總攝在一起修的，把過去的善妙法總攝在你們現在的修法裡面，這個都可以攝十方諸佛的修法，還有三世諸佛的修法，還有內外齊觀廣大法界，不可思議。這個之後要觀報身佛。

觀報身佛──
觀察佛陀福德圓滿的報身莊嚴

　　《坐禪三昧經》沒有很清楚的說觀報身佛。但是在〈一百九十八頁〉《思惟略要法》〈觀無量壽佛法〉等於是觀報身佛的方便，不然觀十方諸佛就好了，為什麼要特別觀無量壽佛呢？

　　「觀無量壽佛者，有二種人。鈍根者，先當教令心眼觀察額上一寸，除卻皮肉但見赤骨。繫念在緣不令他念，心若餘緣攝之令還。得如是見者，當復教令變此赤骨辟方

一寸令白如珂。既得如是見者,當復教令自變其身皆作白骨,無有皮肉色如珂雪。復得如是見,當更教令變此骨身使作琉璃,光色清淨,視表徹裏。既得如是見者,當復教令從此琉璃身中放白光明,自近及遠遍滿閻浮,唯見光明不見諸物。還攝光明入於身中,既入之後復放如初。

凡此諸觀從易及難,其白亦應初少後多。既能如是,當從身中放此白光,乃於光中觀無量壽佛。無量壽佛其身姝大光明亦妙,西向端坐相相諦取。然後總觀其身,結跏趺坐顏容巍巍如紫金山。繫念在佛不令他緣,心若餘緣攝之令還,常如與佛對坐不異,如是不久便可得見。若利根者,但當先作明想,晃然空淨乃於明中觀佛便可得見。行者若欲生於無量壽佛國者,當作如是觀無量壽佛也。」

觀無量壽佛給我們建立兩種方便,一種是不淨觀轉觀如來,不淨觀可以轉成念佛觀,另一種是直接明見。有兩種人,鈍根人要教他先「心眼觀察額上一寸」,皮肉沒有了剩下赤骨。把皮剝掉,把肉剝掉,剩下骨頭,「繫念在緣不令他念」,這樣看,看到最後,赤骨又打開剩下一寸,白如珂雪,再觀自身變成白骨,沒有皮肉,白如珂雪。

這是把不淨觀的觀法很快的觀過,為什麼?不淨觀與

白骨觀到最後的修法叫做白骨流光，白骨流光從那裡來？從心來的。這已經把不淨觀的修法攝在裡面。前面這樣修，修到最後，白骨一直破開，把最後的那一部分拿來用，這都是合在一起的。很多人為什麼修不成？原因很簡單。很多人修不成是因為直接叫他從這裡修，他根本沒修過白骨觀，沒有經驗，只是這樣修是修不來的。整個大乘觀法本身是有前提的，前面的修法做基礎。

骨頭還要變成什麼？從白如珂雪變成琉璃，光色清淨，視表徹裏，是透明的。我平常教大家這樣觀，觀身體就像琉璃一樣，這樣子骨頭會比較好一點，比較不容易受傷，身體比較健康。琉璃跟玻璃是同樣的意思，水晶的意思，琉璃是透明的意思。琉璃就是古玻璃。古代沒有「玻璃」這個名詞，就叫做「琉璃」。有時候琉璃跟玻璃又不一樣，有時候琉璃是透明的礦石，像琉璃石。什麼叫做琉璃珠？琉璃珠就是玻璃珠。這兩者有時候別用，有時候同用。就好像我們說「阿彌陀佛」和「無量壽佛」一樣。琉璃是一個透明的質素。

「光色清淨，視表徹裏」，是透明的。下面看起來又像水晶，「既得如是見者，當復教令從此琉璃身中放白光明」。所以是完全透明的，你們像水晶一樣的觀想也是可

以的。但是為什麼有時候不講水晶？水晶比較冷，水晶有時候與我們心裡面寒冷的概念比較密接。在這裡只是取這種感覺，不要太冷了。琉璃在這裡是放白色的光明。你們把骨頭觀成白水晶，但是要去其寒意。白琉璃與白水晶是同樣的意像，可是水晶的感覺比較寒，我們一聽水晶，心裡的感覺比較寒。同樣的東西，可是水晶聽起來感覺比較寒，這個可能跟我們長期對水晶的概念有關。水晶本身是比較寒，我們想到水晶，它語意上的力量與實質上的力量可能都會影響我們。白琉璃可能就沒有那種感覺，還有一種溫的感覺，可能我們感覺琉璃是一種從火中出來的東西。這很微妙，每一個語詞對我們心念的影響是很微妙的。

「*當復教令從此琉璃身中放白光明，自近及遠遍滿閻浮，唯見光明不見諸物。還攝光明入於身中，既入之後復放如初。*」只有看到光明，全部是白色光明遍滿閻浮界，整個法界像水晶那樣透明，但是是溫暖的。光明還攝自身，入了以後再出來。鍊光，我們有時候來回觀察其實是一種鍊，鍛鍊，鍊清淨，把雜色鍊掉，把心的雜質去掉。第一次觀可能很不順，因為心裡有障礙，越來越好就是心裡面的障礙已經去掉。

「凡此諸觀從易及難，其白亦應初少後多。」所以越鍊越淨，越鍊越亮，從身中放白光，在光中觀無量壽佛，「無量壽佛其身姝大光明亦妙，西向端坐，相相諦取。然後總觀其身，結跏趺坐，顏容巍巍如紫金山。繫念在佛不令他緣，心若餘緣攝之令還，常如與佛對坐不異。」

　　細部的觀想內容，請大家把《觀無量壽經》〈阿彌陀佛十六正觀〉的觀想，阿彌陀佛的真身觀拿來觀。而且注意「常如與佛對坐不異」，沒事時經常與與佛對坐不異，是隨時隨地的。「如是不久便可得見」。這是方便觀法，是順便跟大家介紹的，其實在這邊主要的觀是利根的觀，要做明想，直接觀想空，明空晃然空淨，直接從明空中現起，不需要前面那些。前面要鍊，這邊不鍊，直接觀。

　　「明中觀佛便可得見」。如果要生到無量壽佛國，就要這樣觀無量壽佛。這樣的觀想方法是直觀報身，報身跟生(應化)身的界限，在很多經典裡面是不清楚的。後面把它分得那麼清楚，是後來才有的，但是我們不要要求前面的跟我們分析清楚，因為前面它沒有分野。

　　有時候生身跟報身，生身也是光明婉轉，什麼地方叫做報身？什麼地方叫做生身？什麼叫做化身？並不盡然那麼清楚可以分開。但是總結而言，生身後發生。像釋迦牟

尼佛在菩提樹下說法，婉轉的生身講　這個法，我們清楚了。報身就是實相自受用身。光明的程度不一樣。三十二相、八十種好，每一相裡面包含八萬四千種好，有這種說法，無量廣大，身像像紫金山那麼大，像無量的山那麼大。這叫做報身。這邊這樣子看的話，《觀佛三昧海經》〈十三頁〉第三段：

「云何名繫念？或有欲繫心觀於佛頂上者，或有欲繫心觀佛毛髮者，或有欲繫心觀佛髮際者，或有欲繫心觀佛額廣平正相者…」

這是代表在觀相好的時候，有時候是繫於三十二相、八十種好裡面的一相好去觀的，也有這樣的方便。再請大家翻開〈七十五頁〉，這裡寫的都是觀白毫相，我舉個例子來看就好了。〈七十五頁〉如來的眉間白毫相：

《觀佛三昧海經》〈卷4觀相品第三之四〉

「佛告父王：云何名為觀於如來眉間光明？如來今者，為此後世諸眾生故，當少現於白毫相光。作是語時，時佛眉間即放白毫大人相光，其光分為八萬四千支，亦八萬四千色，遍照十方無量世界。一一光色化一金山，一一金山無量龕窟，一一窟中有一化佛，結加趺坐入深禪定。聲聞菩薩百千大眾，以為眷屬。」

前面這個光明是屬於報身的光明，我想應該是這個樣子，它顯現一一相好。再來看看〈七十六頁〉：

「此光入時，佛身毛孔一毛孔中有一化像，一一化像身毛孔中，化成八萬四千妙像。皆是三千大千世界，一切眾生所希見事，是名如來八十好中一好光明。如是八十隨形好光，說不可盡。如來少現白毫光明，父王所將眾中有八千人，遠塵離垢得法眼淨。」

像這個觀佛三昧海，就是把報身佛的相狀顯示出來，這裡面觀阿彌陀佛是可以的，觀極樂世界阿彌陀佛也是這個觀法，觀釋迦牟尼佛是這個樣子，觀阿閦佛也是這個樣子，觀十方無量無邊的報身如來都可以用這樣的方法去觀。觀相有無量無邊，諸佛有無量相好。

在這邊從觀佛的化身或是生身，觀十方佛、三世佛，這都是屬於佛的報身，再進入觀佛的報身。報身就如同在極樂世界觀阿彌陀佛無量莊嚴無量光明。如同《觀無量壽經》裡面的如來真身觀，如同在《觀佛三昧海經》裡面講到如來一一相的無邊相好，每一個相都這樣觀察，無邊相好。一一相好又具有八萬四千種好，無量無邊的光明，大家自己仔細去看，《觀佛三昧海經》或是《念佛三昧經》這些經典裡面關於諸佛一一相部分，大家仔細去觀察。現

在不做細部的解說，以後如果有機會再把一一相好別立出來，一個一個這樣子觀，我們整理的時候把它導入。

明空清淨法性中	現觀莊嚴佛報身
身相廣大無量光	圓具八萬四千相
相具八萬四千佛	遍照法界難思議
觀佛無盡三昧海	無相體性現圓滿
如彼極樂實報土	無量壽佛真身觀

我們用這樣簡單的偈頌，把裡面無量相好莊嚴的觀法做一個簡單的介紹。「明空清淨法性中」，這是建立佛身莊嚴的基礎，建立佛身莊嚴的基礎首先在「明空清淨法性中」所出生的，而不是依於執著而出生。我們在觀想的時候，心中千萬不能夠生起任何執著，從清淨法性裡面直接現起。在《思惟略要法》裡面，鈍根人叫你依止什麼呢？依止白骨、鍊光、後來成就。利根人就是從明空直接做明想，晃然空淨，法界頓空當中，心緣實相，不可執著當中赤裸現起。《攝大乘論》〈卷下〉提到：

「諸菩薩緣法身憶念佛，此念緣幾相。若略說諸菩薩依法身修習念佛有七種相。何等為七？一諸佛於一切法至無等自在，如此修習念佛，於一切世界至得無礙無邊六通智。… 二如來身常住，由真如無間解脫一切垢故。三如

來最無失，一切惑障及智障永相離故。四一切如來事無功用成，不由功用恒起正事永不捨故。五如來大富樂位，一切佛土最微妙清淨為富樂故。六如來最無染著，出現世間非一切世法所染，如塵不能染空故。七如來於世間有大事用，由現成無上菩提及大般涅槃，未成熟眾生令成熟，已成熟眾生令解脫故。」

這是緣法身念佛，其實也可以在念功德法身佛時憶念，為什麼在這裡特別提出來？明空清淨的法性體性裡面，為何要現起莊嚴的佛身？大家可以依上面所講的七種相來思維，以這七種相來增長我們觀想清淨佛身的緣起，可以幫助我們做無量報身莊嚴的觀想。第一個是「一切法至無等自在」，觀想佛現起的時候是一切法自在，所以他能夠具足無量相好莊嚴，在一切世界能夠得無礙無邊的六通智慧。如來身相常住，能夠現起無量無邊的莊嚴。如來最無失，一切疑惑的障礙及智慧的障礙永遠遠離，所以能夠現起無量光明。

一切如來事無功用所成，如鏡中像，能夠明照現觀。如來大富樂位，他能夠具足一切佛土無邊無盡的清淨莊嚴。真身具足無量無邊的廣大莊嚴妙相，因為他具足富樂位。如來最無染著，身相清淨沒有任何沾染。如來於世間

能夠起大事用，一個真正的報身如來現起無量的光明、無量的化身，能夠現成無上菩提，未成熟眾生令成熟。他能夠光觸我們的身，使我們解除一切障礙。我們也要如實的思維這樣的法位。

依《觀佛三昧海經》所說的思維為主，也依《觀無量壽經》〈阿彌陀佛真身觀〉來做思維。思維每一個十方世界的佛，其實都是同樣的思維。都是等同，只是他身色，或是他示現、相、手印有一點差別而已，其實諸佛的身都是等同的。現起他的莊嚴身都是等同的，都是無量無邊的莊嚴。從明空清淨法性當中，先觀莊嚴的佛報身，身相廣大，具足無量光明，圓具八萬四千相，每一個相裡面又具有無量的化佛，遍照法界難思議。觀佛無盡的三昧大海，無相體性現前圓滿，如彼極樂實報土中無量壽佛的真身觀一般。

我們在生身觀或是應身觀鞏固之後，十方佛觀，三世佛觀，化身佛觀都鞏固之後，我們就要很清楚明瞭的來觀想報身佛。以前的禪觀課程曾介紹部分報身佛觀，大家也都知道它的意思，今天就談到這裡。這裡邊要補充的資料當然很多，我們將來會把它整理出來。

3 念功德法身佛——憶念佛陀種種殊勝功德

接下來要建立念功德法身佛。功德法身佛是從有相觀之後繼續進觀，如同在《十住毘婆沙論》〈助念佛三昧品第二十五〉裡面所說：「

菩薩應以此　　四十不共法

念諸佛法身　　佛非色身故

是偈次第略解四十不共法六品中義。是故行者先念色身佛，次念法身佛。何以故。新發意菩薩，應以三十二相八十種好念佛，如先說，轉深入得中勢力，應以法身念佛心轉深入得上勢力，應以實相念佛而不貪著。」

菩薩先以持名觀念佛，再來是三十二相、八十種好觀相念佛，最後是念諸佛法身，佛非色身故。諸佛法身是諸佛法所成身，不是實相身。行者要先念色身佛，再來念法身佛，為什麼？新發心的菩薩，先用三十二相、八十種好來念佛。這樣念佛得到加持，有力量之後，轉深入得中勢

力。這時後要用法身念佛。《十住毘婆沙論》講四十種法身，等一下在介紹四十種法身。法身念佛之後轉深入得上勢力，要實相念佛而不貪著。論中設了一個偈頌：

「不染著色身　　法身亦不著

善知一切法　　永寂如虛空」

修行人要不染著佛的色身，連諸佛的法身亦不著，善巧了知一切法，永遠寂滅如虛空一般。這是《十住毘婆沙論》建立法身佛觀的因緣。請參考《思惟略要法》〈一百九十六頁〉〈法身觀法〉跟這個有等同的意思：

「法身觀者，已於空中見佛生身，當因生身觀內法身十力、四無所畏、大慈、大悲無量善業，如人先念金瓶後觀瓶內摩尼寶珠。」

佛身的內在意涵

我們看佛的生身觀之後，觀佛的內容是什麼？他如果只是一個相的話，跟電視、電影、照相一樣，裡面到底是什麼呢？這裡面才是佛陀會活動、會有力量的來源，這是什麼呢？這是法身，裡面具有十力、四無所畏、大慈、大悲無量的善業。

如同我們人先念金瓶，佛身像金瓶一樣，還要觀裡面

的摩尼寶珠，就像我們在觀如來，我們要三密相應，跟佛相應，佛的身、語、意，還要觀諸佛的種子字，種子字是他的法義。還要觀察三昧耶身，三昧耶身是願力。諸佛是他的三昧耶與法身所成，很多密教行人在觀的時候輕忽過去了。

法界頓空，頓空意指什麼？很多密教行人把一切觀空，空空的沒有什麼東西，以為這樣子叫觀空，其實觀空不是這個意思。頓空是了悟法界如幻的根本，是了悟一切本不生，阿字本不生之理，不是去觀一個「空」的相。法界頓空不是叫你去觀一個「空」的相，不是一個虛空相，它是法界頓空的義理，明空之旨要先這樣子。

再來從頓空裡面觀大智海，大智海裡面出生寶蓮花，或是種子字，鑁字出生智海，鑁字是智水出生大智海，水是法性，我們要了解法性，不管是從鑁字出生大智海，然後出生蓮花，或是大智海先現蓮花，再觀鑁字，都要了解它的法義。這代表它的三昧耶，蓮花裡面的日月輪是悲智雙運之意。月輪是法性心，不了解它內容的話，就好像只有金瓶，沒有內容。這就不對了。

為什麼要觀阿字本不生之理？從阿字裡面再現起三昧耶，再現起佛身，這意思很清楚，就是有法（阿字表本

不生的實相之法理），有願（三昧耶），才能夠現起如來身。這裡觀如來身的時候也要了解他的願力，他所成就的妙法。所以說大家持大悲咒的時候，要具足十種相，你觀藥師佛時要了解藥師佛的十二大願。否則只是觀佛像，他也會動，但是有什麼作用呢？佛身沒有主動性，他不能夠自動處理事情。他能做事的動力是願力跟法（智慧），如果沒有這些的話，他是什麼？

以後大家到各地去，有機會就隨緣教化，告訴更多人修法的真實意。空三摩地是什麼意思？般若法是什麼意思？本尊觀是什麼意思？本尊觀是什麼？《密宗道次第廣論》，宗喀巴大師說：為什麼佛教裡面真言宗是最殊勝呢？它具足兩個，一個是空三摩地，一個是天瑜珈法。天瑜珈法就是本尊觀，就是色相觀。這兩者是密宗最殊勝最快速成就，因為它疾成佛身的緣故。

這樣的說法是不究竟的。為什麼？因為般若波羅蜜乘最主要的是空三摩地，空三摩地是什麼？是大小乘所共學，並非密宗獨有的。三三昧裡面有空三昧，般若波羅蜜乘到底是大乘嗎？般若波羅蜜乘發心不成就，他如果說捨棄大悲的話，或墮入邪乘，或墮入歧途，這是龍樹菩薩所說的，中觀乘的至理是這樣子。

大乘道最主要的不是空三昧而已，是如幻三昧，如幻三昧裡面有大悲意，而且佛乘的成就來自大悲妙行，所以能夠成就殊勝莊嚴佛乘，這是福德故。所以以福德成就佛身，而不是以觀想。觀想有方便，但是不是這樣子而已。如果只有天瑜珈，只觀外相而沒有內在的意涵，怎麼可以稱為真正的本尊瑜珈？這樣的說法是不了解整個究竟的至理的緣故，也不了解整個大乘的無邊妙法的緣故。

與佛陀的身、語、意相應

從這裡我們要了解，真正的本尊瑜珈是什麼？有相、有心、有體、有用。體、相、用三者同時具足。身、口、意三者同時相應。要不然只有身，沒有內在意義怎麼可以？如果只有身，只是報身佛觀，等同於一般的所謂天瑜珈法，只觀外在。有身還要有內在意義。

佛身觀的內義是什麼？我們修習生起次第，觀想自己身體如水泡，如空影，連指甲都是像水泡。當我們觀想透明的佛身的時候，要善思惟這個佛是什麼？觀想藥師佛時，要了解藥師佛有十二大願，善思惟此身是十二大願所成身，要思惟藥師佛諸法的內容。修習阿彌陀佛時，要觀想阿彌陀佛的四十八大願，阿彌陀佛所具有的法的莊嚴，

他的悲心，他的智慧。是不是這樣呢？這樣的生起次第不是很好嗎？

我們持頌咒語真言時，咒語真言背後的心是什麼？譬如說大悲咒的十種心相，持頌心經的咒，心經咒的意思是什麼？就是「來啊！來啊！大家一起來！大家到涅槃的彼岸啊！」為什麼心經咒就是《心經》？《心經》是在講什麼？觀自在菩薩，行深般若波羅蜜多時，照見五蘊皆空。這樣會不會度一切苦厄？你行深般若波羅蜜多，是不是能照見五蘊皆空？五蘊只是現在這種狀況，五蘊、十二入、十八界，法界種種相都在那裡，為什麼能成就，因為行深般若波羅蜜多，一切苦厄自然得度。「來啊！來啊！大家到涅槃的彼岸！」是什麼？就是行深般若波羅蜜多。大家在這種狀況裡面，佛境菩薩行，以佛智來行一切法界，這是心經咒的本旨，你要這樣體會。所以它有悲有智，有悲智雙運的圓滿相，有悲智雙運的力量。

藥師咒就是來自藥師佛的悲願，我們持誦藥師咒，要知道這就是藥師佛的悲願，藥師佛有十二大願。有些佛菩薩本尊修法，經典裡面沒有表明他的本願是什麼，或是他的法是什麼。這也沒有問題。比如說，大威德金剛。大威德金剛是由文殊菩薩所示現。

　　文殊菩薩有沒有大願？文殊菩薩有七大願，有十大願，悲心夠大吧？文殊菩薩為什麼要現起大威德金剛相？——以智慧劍斬斷生死路，直破一切。大威德金剛就是降服死魔的金剛。死魔是什麼？是四魔之一！佛最後成就的時候所障礙的四種魔：死魔、五蘊魔、煩惱魔、天魔。大威德金剛與死魔相應相合，而徹底斬斷死魔。

　　把死魔的障礙性變成本尊。生死統一，煩惱涅槃統一，在死亡相中即時證得大威德乘，這是無死之意。在死亡當中當然是無死。這是文殊菩薩那一把寶劍的意思。大家有沒有這種體會？有沒有這種感受？有意、有用、有體、有相，相是忿怒的身，跟閻魔等同，但是降伏。為什麼跟閻魔等同？這是一個大智，涅槃的本質跟死亡的本質，是不是等同的？所以說文殊菩薩說他是什麼身？外道，安住外道不動，它直接顯示在不可思議的妙相。這是他最深的智慧，最深的悲心。有這種體會，現起大威德金剛是不是有體、相、用呢？這咒語知道怎麼念了嘛，這咒語是至大、至威、至猛的咒語，這咒語是什麼心？是大空心，因為法界無相故，現前等持故。它是大忿怒心、是大煩惱心，為什麼？大煩惱不可得故。為什麼是大忿怒，大悲空之故。至悲、至柔的法界性所顯現出的至猛、至威、

至有力,這個咒本身是有力的,它這個聲音是有共鳴聲的。所以顯現大威德身是有意思,不是只有相上的。

所以我們先念金瓶,然後觀瓶裡面的摩尼寶珠,本尊觀要這樣修,生起次第觀也是這樣修,圓滿次第也是這樣修,大圓滿次第也是這樣法界現成。

「所以尊妙神智無比,無遠無近無難無易,無限世界悉如目前,無有一人在於外者,一切諸法無所不了。常當專念不令心散,心念餘緣攝之令還。」

觀察佛陀的功德法身

所以要觀想諸佛法身功德不可思議,一切諸佛世世常為一切眾生不惜生命來救眾生,他能夠做一切種種不可思議的事情,這就是他的功德法身。功德法身是什麼?我們來看一看偈頌:

佛慧功德難思議　　具足無量不共法
觀佛功德妙法身　　念佛三昧證圓滿
如來十號圓十力　　四無礙智四無畏
十八不共大慈悲　　四十不共百四十
五分法身恆憶念　　念念諸佛妙法身

「佛慧功德難思議,具足無量不共法」。佛的法身是

佛不共法。什麼是佛陀的不共法？佛陀所獨有不共，它不是一般眾生能得，這就是諸佛特別的法身。諸佛身上沒有跟眾生一樣的東西，為什麼？因為他沒有染著，眾生一切是染著，所以佛的功德是不共的。「觀佛功德妙法身，念佛三昧證圓滿」。

我們現在從觀佛功德微妙的法身來持念佛三昧得證圓滿，什麼是他的不共法身呢？如來十號、十力、四無礙智、四無畏是它的不共法。十八不共法、大慈大悲，《十住毘婆沙論》講四十不共法。《十住毘婆沙論》有兩個地方講佛不共法。一個是講四十不共法，另外一個是講四十四不共法。還有一個是百四十不共法，百四十不共法是《瑜珈師地論》所談的。還有五分法身，戒、定、慧、解脫、解脫知見，這是最早所傳說的法身。我們念念都是念這些諸佛妙法身。這些就是我們所要憶念的不共法。

在這裡我們簡單的介紹這些不共法。我建議大家有機會把如來十號的意旨重新了解。不要把它當作一個佛學概論而已。我們讀誦時要把它當作如何修行之後達到的內容，它是我們生命的內容，我們思惟這些名號不只是了解它們的意思就好了。我們思惟這些名號，有義、有理、有行、有事。我們思惟佛具有這些十號，我們要怎麼做才能

跟他一樣？大家回去以後把如來十號重新了解。思惟佛陀十號就是思惟佛陀的法身，是佛所具足的內容。

如來的十個名號

如來十號是什麼？如來、應供、正遍知、明行足、善逝、世間解、無上士、調御丈夫、天人師、佛世尊。最後一個「佛世尊」合在一起就是十號，佛、世尊分開來就變成十一個。第一個，tathāgata，是如來，有時候是翻譯成多陀阿伽陀，如來是什麼？如來是佛陀最主要的一個特性，如來是代表佛陀跟法性本質的合一性，法界一切相都是如來，因為是法界實相故，一切眾生也都是如來。但是我們為什麼不是如來？雖然是這個，但是不能了悟這個，所以不是如來。

如來也可以翻譯為如去，是從如實道而來，往如實道而去，它是從真如法界而來，它是不是在真如法界裡面？所以說它從真如法界而來，是無所從來，無所從去。是法性，是如實來、如實去的行人，一個真實者。與法界完全等同合一。

如來者如是，就是如，他的體性就是一個如字。為了顯示他的真諦，所以叫做「真如」。解脫一切生死輪迴，

他與真如相應是如來，這是它得體，他又是如解，他完全體解真如之力，如來之力。第三他又具足什麼？如說，他覺悟之後，跟真如完全相合絕無錯謬，它與如實道完全相應，它與真如完全相應，他所體解完全沒有錯謬，然後依他所解、所說、如說，不增、不減、不一、不異，是恰恰實實的真實之道，真實的如相。他具有「如來」、如「如解」、「如說」三意，我們雖然跟真如體性相應，但是我們沒有辦法如解，沒有辦法如說，所以說也不能名為如來。

　　佛陀的第二個名號是「應供」（梵arhat）。為什麼應供？一般人為什麼不能稱為應供？因為一般人去接受供養的時候，心中會產生種種差別。為什麼一般人不能夠稱為無上福田？為什麼一般人心中會不安？而如來為什麼不會？因為他是阿羅漢，就是堪受一切供養者。為什麼？因為佛是一切大功德田，遠離一切煩惱、不安、忐忑。

　　第三個是正遍知（梵samyak-sambuddha），又翻譯成三藐三佛陀，又叫做正等覺者，完全正確的覺者。有時候加上一個「無上」，完全正確的覺者是阿耨多羅三藐三菩提。他了悟了無上正覺之法，他是無上正覺之道的完全了悟者。

第四個是明行足（梵vidyā-caraṇa-saṃpanna），「明」是智慧，「行」是行動，「足」是實證，智慧跟實證都圓滿得到的人。明包括三明——宿命明、天眼明、漏盡明。他完全體會智慧，他了悟一切宿命，能夠用天眼觀察一切，斷除一切煩惱，明行具足者。

第五個是善逝（梵sugata），又稱為修伽陀——Sugata，叫做好去，他不只來得好，他去得也好。大家去得好不好？不好。去捨不得去，去了也不知道去那裡，去的過程驚天動地的。佛陀不然，他能夠乘著如實之道到達彼岸，脫離一切生死的苦惱，圓滿到達涅槃。

第六個是世間解（梵loka-vid），徹底的理解世間所重視的。依世間解的名號，我們一定力有未逮，因為我們不能夠覺悟世間之事，我們是不是要繼續加強呢？世間解能夠知道三界六道一切迷惑眾生的世界，完全了解一切有情眾生的心性、根機，能夠適當的 法。你碰到佛陀，你的根機怎麼樣，佛陀都能夠了解你的根機，了解你的適法性，就跟你講適合你的法來救度你。

第七個是無上士（梵anuttara），因為佛陀在戒、定、慧、解脫、解脫知見裡面完全圓滿，所以說是無上士。第八個是調御丈夫，能夠自在駕馭的人，佛陀能夠

把我們調伏，導引我們去修證得到佛果。第九個是天人師（梵śāstādeva-manuṣyāṇāṃ），他是諸天與眾人的導師，他能夠化度眾生，使眾生圓滿成就。第十個是佛（梵buddha），是自覺、覺他、覺行圓滿的人。世尊具有睿德自在，是世間、出世間的名譽一切圓滿的人，能夠得到世間的尊敬，是世間最尊貴者。佛陀具足這樣的十號。

佛陀的十種智慧之力

接下來講十力。我們要思維佛陀具足的十力。

第一個叫「處非處智力」，當我們開始觀想佛陀具足萬德莊嚴時，我們思維佛陀的智慧到底怎麼樣？佛陀的智慧是有力量能夠解決一切事情的，他的智慧力不是沒有用的，不是想著高興用的，它是有用能夠真正解決問題的。佛陀的智慧是很實用的，跟我們的生活是相應的。很多人在念佛、修行時，對佛陀的期望是很不恰當的。我們並不知道佛陀真實的內容，他真的能夠幫助我們的地方，真的現實能夠幫助我們的，我們沒有受用，結果我們幻想一個境界，那個境界是沒有必要的境界，卻認為佛陀能夠幫助我們安住在那幻想境界裡面，這是很可悲的。不要這樣子。佛陀是現實生活中一個真真實實的引導者。我們要想

想看他如果生活在我們旁邊，他會怎麼樣導引我們？這是最真實的。

第一個大力是「處非處智力」。

我們想想看，我們對佛陀的期望是不是有不如法的地方？看起來很恭敬，但心中卻希望佛陀為你做弊，希望他包庇你，有沒有這種想法？這是對佛陀不如法，如果有這種心念是不對的，佛陀不可能做這種事情的，因為他是如實者，所以他有處非處智力。善因得到善果，惡因得到惡果。處就是做好事，做合理的道理，做不合理的一切道理，他都能夠了解。佛陀有處非處智力，佛陀碰到你了，你如果做了惡事，他會問你：你做這事情會得到善果嗎？

做好事得到好果，做惡事得到惡果。這是不錯謬的。你講的話是正確的他了解，你講的話不正確的他也了解。他絕對不會扯爛污的。這就是安定社會、安定世間的力量。你的心就如同一個社會，你的心裡面要有正確的安定力量，佛陀就有這種力量，思維佛陀有處非處智力，心中就不會胡思亂想。

第二個是「業異熟智力」，如來知道眾生的過去、現在、未來三世業報的因果關係。像密教的白派說「喇嘛千諾」，意思是：上師都知道一切的。這句話的意思不是

說，唉呀！我心情不好或是恐懼的時候佛陀都知道，不是這個意思。而是我們心隨時隨地都要了解如來一切都知道了，如來既然一切都知道，我們這一生的一切果報是不是都是如是的？所以在自己身上發生的一切事情沒有一件是沒有原因而產生的。我們思維佛陀一定知道你過去、現在、未來三世業報的關係。

第三個是「靜慮解脫等持智力」，如來知道一切靜慮、一切禪定的解脫方法，所有禪定法門次第、深淺的境界，我們如此思維就有辦法如實的依著佛智來安立我們的境界，精進我們的禪法，圓滿解脫。我在講這句話的時候，忽然之間對禪定的體會，就在剛剛那一刹那間，我有不同的覺受，我忽然間感覺更清楚了，為什麼？因為我思維佛陀的靜慮解脫等持智力。所以我感覺是太清楚了。我在講佛陀的靜慮解脫等持智力，憶念佛陀就有這種力量。我受用了，我能受用，你們應該也能受用。

第四個叫「根上下智力」。眾生的根器勝劣差別都了解。我們心中不要強做主張，但是也不要無知，我們自己的根器，該怎麼修習，佛陀有智力能夠了解，如來了解一切眾生的心念。

第五個是「種種勝解智力」，如來了解一切眾生的樂

欲,他都了解。

第六個是「種種諸界智力」,如來知道眾生的種性與行為的各種差別。

第七個是「遍趣行智力」,如來了知人天諸趣,各道之間六道輪迴中間所有的道行因果。

第八個「宿住智力」,如來能夠念知過去世的種種事情。你們心中不要不平。第一個法性裡面是自做自受,沒有什麼好不平。第二個你所做所為,如來悉知悉見,你不必唸給他聽。有時會認為我做了這些事情,如來怎麼不知道?不會這樣的。還有最主要的是你們心中的佛陀當然更清楚了。

第九個是「死生智力」,如來用天眼觀察能夠知道眾生生死,還有未來生的善惡眾趣,還有善業的成就。

第十個是「漏盡智力」,如來了解自己諸惡永斷,不受後有。如實了解別人的煩惱與苦痛。

所以佛陀有這種種智力,名為一切智者。十力跟三明六通有很多重複的地方,如來因為他的廣大境界所以具有這些智力。我們要如實思惟、如實信解。為什麼他能夠具足這樣的智力,通達一切智慧?這是如來往昔無邊努力的結果。我們讚歎、歡喜、思惟、信受,這才是佛陀的功德

法身。

佛陀的四種無畏

　　佛陀也具足四無畏，四種無畏：正等覺無畏、漏永盡無畏、說障法無畏、說出道無畏。佛陀具足十力的智慧，所以在大眾中說法沒有恐懼之相，叫做無所畏。

　　第一個是正等覺無畏，佛於一切法都能夠覺知，即使面對因為不知道諸法而給予種種問難的的眾生，也沒有怖畏。正等覺無畏也叫做「一切智無所畏」。佛對一切世間、出世間的法盡知、盡見，所以他心中安穩無畏。佛沒有不知的。最深的恐懼來自無知。上台演講，為什麼會越想越可怕？來自無知。要對眾生　法，越想越可怕，不知道他要問我什麼？就不敢講了，來自有所畏無知。在上面胡說八道也是無知。但是不敢上台說法，這也是心中有所畏。不能恰當的說也是。佛陀有正等覺，一切了知，所以無畏。

　　第二個是「漏永盡無畏」，佛陀的煩惱永盡所以無畏，諸漏已盡，不畏諸難。

　　第三個是「說障法無畏」，因為佛陀心裡面很平安、很自在，而且是如如之相，所以說宣　染法一定有障礙，

說這樣的話的時候，對任何的非難不會有怖畏。就像最近政府掃黑。以前有人說有黑道王國所以我們要掃黑。以前說這話的人以前會受到許多人的恐嚇，如立委、黑道等人的恐嚇。有些人因為怕受到恐嚇就不敢講，但是勇敢的人就沒有關係。這是一個比喻，讓大家了解，佛陀就跟人家講說：「唉呀！你做錯事不好喔，這樣的話會障礙喔！」他看到你會障礙的內容，所以跟你這樣講，這是「說障法無畏」，對一切障道能夠宣說無畏。

第四個是「說出道無畏」，佛陀宣說出離之道，修道必定能出離苦果，又叫做盡苦道無所畏。後面兩種無畏是一對的，世間染著必有障礙，遠離世間染著必能離苦。以上是四無所畏。

接下來講佛陀的四無礙智。四無礙智包括義無礙智、法無礙智、辭無礙智、樂說無礙智。

佛陀對一切義理、法義了了通達無礙，能夠了知一切義，都與實相相應，叫「義無礙智」。智慧通達，了知一切諸法的名字、法相，都通達無礙，能夠分別三乘而不礙法性，所說的名相無滯礙，叫「法無礙智」。一個是義理，一個是諸法的法相。「辭無礙智」，「辭」是言辭，以一切語言來說，一切字義，一切名字，種種莊嚴，

語言隨其所應，都能夠使眾生得解，一切眾生各種不同的言語，一語、二語、多語、一切語，各種語言，都能夠得解，遍說無礙。所以經中說：「佛以一音演說法，眾生隨類各得解。」能夠用種種言詞、種種無礙的字語來教導眾生。樂說無礙智，一切菩薩樂說無礙。佛陀樂說無礙為教導眾生。於一切法當中，用各種語言，字字真實，佛無有誑者。這是樂說無礙智。

佛陀十八種特有的德行

再來有所謂的「十八不共法」，是佛陀十八種特有的德行。小乘的十八不共法是十力、四無畏、三念住及大悲。大乘的十八不共法不一樣。現在先講小乘的十八不共法。

小乘的十八不共法不是小乘人所證的十八不共法，而是小乘對佛的十八不共法的安立，裡面有十力、四無畏，還有三念住。

三念住是說佛在任何地方、任何場所都能夠保持著正念正智的狀況。第一念住是什麼？第一念住是當眾生信仰佛陀的時候，佛陀不生歡喜心。他安住在正念正智當中。多些人信佛，他還是一樣。第二念住是眾生不信奉佛陀

時，佛也不生起憂心，他安住在正念正智裡面。你信佛時，他不生起歡喜心。你不信佛時，他不生憂心。第三念住是眾生同時信奉佛陀與誹謗佛陀時，佛陀不生歡喜心，也不生憂心。他安住在正念正智當中。這是所謂的三念住。還有一個大悲。佛陀恆常具有拔除眾生痛苦的悲心。

大乘佛法的不共法是什麼？

身無失——佛陀的身業永遠沒有過失，他不做不當的行為，身業都很恰當，恰如其分的實現。

語無失——他語業沒有過失。

意無失——他不失念，念頭不會跑掉，或是忽然間不專注了。

無異想——對一切眾生都保持平等心。

無不定心——不會有眾生散亂不定的心

無不知捨心——沒有不知道眾生的心與捨棄眾生的心。他沒有不知道眾生的心，也沒有捨棄眾生的心。

以上六個是由戒所產生的，無住涅槃之因。

信無減——佛陀對無住涅槃、究竟涅槃有純正不壞的淨信之心。他的淨信不是相信什麼，而是
就是這樣子。

欲無減——他對無住涅槃的正智正念，他意念不減退

精進無減——他在任何地方都精進不退減。

慧無減——他利益眾生的智慧永遠不退減。

解脫無減——他成就圓滿解脫，永遠不會退減。

解脫知見無減——他使眾生得證涅槃的心智永不退減。

以上六個是由定所成就的，無住涅槃的緣。

身業隨智慧行、語業隨智慧行、意業隨智慧行——他的三業都是智慧的，就是密教所說的身、語、意三密。

過去知見無著無礙、未來知見無著無礙、現在知見無著無礙——他對過去、未來及現在三世的一切都法平等了知，破一切戲論相，知見無著無礙。

以上六個是慧學所生，也就是佛陀現起無住涅槃的當體之身。佛陀還具有大慈大悲，佛陀大慈大悲是為了利益一切眾生，在大眾裡面顯示什麼是大慈大悲。慈者與樂，悲者拔苦，大慈不只是想給眾生喜樂，而且是真的給眾生喜樂，這才叫做大慈。大悲不只是想拔除眾生痛苦，而且是真的拔除眾生痛苦，這才叫做大悲。所以說唯有佛具足真實的大慈大悲，菩薩只能說是假名大慈大悲。佛住在大慈心當中，用大慈心善根力量，能真的給眾生世間及出世間的喜樂。

佛陀有自受用大樂，有他受用大樂。自受用大樂是自

身得具安樂。他受用大樂能夠現起清淨國土,救度地上眾生。佛陀有另外兩種與樂的能力。第一個是住大慈三昧裡面,用慈力來冥熏,隨有應得樂眾生都能夠得到安樂,有緣的眾生都能夠得到安樂。這是他安住在大慈三昧裡面。第二個,他持大慈三昧的威力,普現三業,隨所應得樂眾生見聞覺知,都能各得安樂。第一個他住大慈三昧裡面,慈力冥熏,應該得到安樂的眾生都能夠得到安樂。第二個他持大慈三昧所產生的力量,普現三業,他現起清淨的身、口、意三業,眾生看到了、聽到了,心中就得到安樂。這兩種力量還是不大一樣。大慈又叫做如意珠王身,如意寶珠王就是從大慈來的。

佛在大悲心當中,用大悲善根力,能實拔一切眾生世間苦、分段生死苦、及變易生死苦。這有兩種,一種是住大悲三昧裡面,一切眾生應得離苦者,確得離苦。一種以大悲三昧力,普現三業,救度眾生。以大悲三昧力示現法界,使眾生見者就能遠離眾苦根源。這就是大慈大悲。

為什麼叫「應得樂」?應得樂只是因緣中應當得樂的,在此因此緣中能夠得樂、應得樂者,所以叫做應得。相應,而且你具足這些條件,這叫做應得樂。

因為諸佛本願力故,所以說你具足這樣的條件,他也

如實現證。在法界因緣裡面,你具足這樣的條件,有佛在這因緣裡面現起,為你說法,予汝大樂。

在《十住毘婆沙論》裡面特別建立四十不共法。我簡單的跟大家講一下四十不共法。第一個是飛行自在,佛陀具有飛行自在的力量。第二是變化無量。第三是聖如意無邊。第四是聞聲自在。第五無量智力知他心。第六心得自在。第七常在安慧處。第八常不妄誤。第九得金剛三昧力。第十善知不定事。第十一善知無色定事。第十二具足通達諸永滅事。第十三善知心不相應無色法。第十四大勢波羅蜜。第十五無礙波羅蜜。第十六一切問答及記具足答波羅蜜。第十七具足三轉說法。三轉說法就是三轉法輪的說法。第十八所說不空。所說不空就是他講的緣起,一定是那樣子的、很清楚的。 第十九所說無謬失。第二十無能害者。第二十一諸賢聖中大將,能夠導引一切賢聖。第二十五四不守護(二十二到二十五是四不守護)。二十九四無所畏(二十六到二十九是四無所畏)。三十九佛十種力(三十到三十九是佛十種力)。四十無礙解脫。四十種不共之法。

《十住毘婆沙論》〈第九卷〉很仔細的解說四十種不共之法,讓我們思維,四十種不共之法是佛所具有,是

佛之身。〈第十一卷〉又講另外四十種不共法，其實是
四十四種不共法，

「一常不離慧。二知時不失。三滅一切習氣。四得定
波羅蜜。五一切功德殊勝。六隨所宜行波羅蜜。七無能見
頂者。八無與等者。九無能勝者。十世間中上。十一不從
他聞得道。十二不轉法者。十三自言是佛終不能到佛前。
十四不退法者。十五得大悲者。十六得大慈者。十七第一
可信受者。十八第一名聞利養。十九與佛同止，諸師無與
佛等者。二十諸師無有得弟子眾如佛者。二十一端正第
一，見者歡悅。二十二佛所使人無能害者。

二十三佛欲度者無有傷害。二十四心初生時能斷思惟
結。二十五可度眾生終不失時。二十六第十六智得阿耨
多羅三藐三菩提。二十七世間第一福田。二十八放無量光
明。二十九所行不同餘人。三十百福德相。三十一無量無
邊善根。三十二入胎時。三十三生時。三十四得佛道時。
三十五轉法輪時。三十六捨長壽命時。三十七入涅槃時能
動三千大千世界。三十八擾動無量無邊諸魔宮殿令無威德
皆使驚畏。三十九諸護世天王釋提桓因夜摩天王兜率陀天
王化樂天王自在天王梵天王淨居諸天等。一時來集請轉法
輪。四十佛身堅固如那羅延。四十一未有結戒而初結戒。

四十二有所施作勢力勝人。四十三菩薩處胎母於一切男子無染著心。四十四力能救度一切眾生。」

這四十四不共法與四十不共法內容不完全一樣。這些都是屬於佛的法身的內容。佛的法身的內容是不是只有這些呢？還有更多的。比如像佛陀的音聲，佛陀具有八音——極好音、柔軟音、和適音、尊慧音、不女音、不誤音、深遠音、不竭音。不女音不是對女性有分別對待，是佛住首楞嚴三昧有世雄之德，所出音聲使一切聞者敬畏，天魔外道莫不歸伏。這是佛陀的妙音，我們可以思維。佛陀具足無量廣大的莊嚴。

一百四十不共法是什麼？第一個是三十二大丈夫相，第二個是八十隨形好，第三個是四一切種清淨，再來是十力、四無所畏、三念住、三不護、大悲、無忘失法、永斷習氣、一切種妙智。我們已經知道三十二大丈夫相、八十隨形好、十力、四無所畏、三念住、大悲、永斷習氣、一切種妙智。無忘失法是永遠不會忘失法。三不護跟剛剛提到的四不護是什麼意思？四一切種清淨也要研究一下。這裡引用的是《瑜珈師地論》〈第四十九卷〉：

「云何如來四一切種清淨。一者一切種所依清淨。二者一切種所緣清淨。三者一切種心清淨。四者一切種智清

淨。云何一切種所依清淨。謂一切煩惱品麤重并諸習氣。於自所依無餘永滅。又於自體如自所欲。取住捨中自在而轉。是名一切種所依清淨。」

什麼是如來四一切種清淨？第一個是一切種所依清淨。佛陀一切煩惱、麤重、一切習氣、所依全部都斷了，自體要如自所欲，取住捨中，能夠完全自在，所以說他所依清淨，一切的所依都清淨了。第二個是所緣清淨，一切外在所緣的變化都完全清淨了，所以說完全自在。心清淨，一切心的麤重永滅清淨。一切種智清淨，一切智慧得到圓滿，一切無明永斷，所以是一切種智清淨。

三不護很有意思，大家要了解它的意思。三不護德是指德行。三不護是如來的身、口、意三業是清淨現行，絕對沒有任何過失，所以不用怕人知道，不用保護自己。佛陀不用保護自己，實在了不起，我們都知道這是很困難的。所以說佛身是不用保護的。當初提婆達多要害佛，很多弟子準備了棍棒要保護佛陀。佛陀告訴他們：「佛陀是不用保護的，沒有人能夠殺害佛陀。」這也是不護。

先簡單的跟大家講這些，佛陀功德法身的內容很多，講這些目的要你們了解念佛法身功德，要有感受的、有感動的，不要只是當佛法概論讀，那個沒有用，那不是佛

法，那是佛法概論。念佛要念入我們的心，心中有感動的、能思維的。佛具有這個，我沒有。佛很偉大，我們要學習他。前面我們念過佛陀具有的這些身，你的心念是不是跟著變了？這個東西就進入你的心中，你就具有佛心。這就是佛的心，佛的心體。

我們從前面講到這裡，這樣大家是不是對佛的相，念佛三昧有一個清楚的了解？其實這兩天講的念佛三昧好像不是很精彩，有一個什麼相，觀想這個，觀想那個。但是我們把念佛三昧的內容都整理出來了。現在大家是不是對念佛三昧有很清楚的了解？再來你們要怎麼修習念佛三昧？要怎麼增長念佛三昧？我想你們應該都很清楚了。師父帶進門，修行在個人。你們要怎麼成佛？那就大家一起努力了，我也在努力當中。

十方諸佛都是如如現前，那我們怎麼辦呢？我們當然要依止他，共同來修習。思維諸佛大慈大悲這些不共法的時候，不要只是想名詞的內容，你們其實可以進一步想，佛陀做了那些事才具足圓滿這些不共法？譬如說大慈大悲，佛陀生生世世為眾生犧牲生命，頭目腦髓都為了我們捐棄，這不是大慈嗎？這不是大悲嗎？佛陀回答法的時候，他是怎麼自在，他了知眾生，眾生問他什麼問題，他

都可以如實回答，他說法無畏。我們可以跟前面所說的佛身三十二相、八十種好的身相結合在一起，那麼就是有體有相，更能體解念佛三昧的真義。

4 實相念佛——觀察念佛的實相

安心住於平等實相

最後進入實相念佛。請參考《思惟略要法》〈諸法實相觀〉（P199），其實是同樣的意思。

「諸法實相觀者，當知諸法從因緣生，因緣生故不得自在，不自在故畢竟空相，但有假名無有實者。若法實有不應說無，先有今無是名為斷，不常不斷亦不有無，心識處滅言說亦盡，是名甚深清淨觀也。又觀婬怒癡法即是實相，何以故？是法不在內不在外。若在內，不應待外因緣生，若在外，則無所住，若無所住亦無生滅，空無所有，清淨無為。是名婬、怒、癡實相觀也。

又一切諸法畢竟清淨，非諸佛賢聖所能令爾。但以凡夫未得慧觀，見諸虛妄之法有種種相。得實相者觀之如鏡中像，但誑人眼，其實不生亦無有滅，如是觀法甚深微

妙。行者若能精心思惟，深靜實相，不生邪者，即便可得無生法忍。此法難緣心多馳散，若不馳散或復縮沒，常應清淨其心了了觀察。

若心難攝，當呵責心：「汝無數劫來，常應雜業無有厭足，馳逐世樂不覺為苦，一切世間貪樂致患，隨業因緣受生五道，皆心所為。誰使爾者？汝如狂象蹈籍殘害，無有物制，誰調汝者？若得善調，則離世患。當知處胎不淨苦厄，逼迮切身，猶如地獄。既生在世，老病死苦，憂悲萬端，不得自在。若生天上，當復墮落，三界無安，汝何以樂著？」如是種種呵責其心已，還念本緣。心想住者心得柔軟，見有種種色光從身而出，是名諸法實相觀也。」

這裡講的種種色光不要把它當作一個重要的事情，但是心柔軟相很重要。眾生的心太剛強，心要柔軟。習慣很柔軟也是一種剛強，這裡不是指習慣，而是一種自在柔軟。

「欲生無量壽佛國者，應當如是上觀無量壽佛。又觀諸法實相，又當觀於世間如夢如幻，皆無實者。」

其實這裡是一個一個加起來觀的，到最後合成一體來觀。大家想想看這四種念佛的方法，到最後合成一法來觀？不只這四種方法，我們過去所學的各種觀法，是不是

都能合成一法來觀？這樣就對了，因為你只有一個人嘛！你不能把它切割來這邊觀月燈三昧，這邊觀大手印，這邊觀阿彌陀佛，這邊觀諸法實相，不是這樣子。

「又當觀於世間如夢如幻皆無實者，但以顛倒虛妄之法，橫起煩惱受諸罪報。如人見諸小兒共諍瓦石土木，便生瞋鬥。」

我們的煩惱業報，就像小孩子吵鬧，為了什麼？為了瓦石土木，便打起來了。觀世間也是這樣子。

「觀諸世間亦復如是。當興大悲誓度一切，常伏其心修行二忍，所謂眾生忍法忍也。眾生忍者。若恒河沙等眾生種種加惡，心不瞋恚。種種恭敬供養。心不歡喜。又觀眾生無初無後，若有初者則無因緣，若有因緣是則無初。若無初者中後亦無。如是觀時，不墮常斷二邊，用安隱道觀諸眾生，不生邪見，是名眾生忍。法忍者，當觀諸法甚深清淨畢竟空相，心無罣礙能忍是事。是名法忍。新發意者雖未得是法忍，當如是修習其心。又觀諸法畢竟空相，而於眾生常興大悲，所有善本盡以迴向。願生無量壽佛國，便得往生。」

以這因緣來看看實相念佛的偈頌。

直觀五蘊生身等　　功德緣起一切相

畢竟空寂不可得　　極無自性如本然

遠離二邊住中道　　法爾無生亦無滅

體性無縛無解脫　　無憶念故名念佛

我們現在直觀怎麼是實相念佛呢？我們現在直觀色、受、想、行、識五蘊身，一切平等。不管是持名、觀相、或是功德法身，緣起一切眾相，畢竟空寂不可得，極無自性如其本然一般。所以說遠離二邊住中道，中道是無可住者，是名住中道中。法爾無生亦無滅，一切法現起就是無生無滅。在體性上沒有纏縛，所以說也沒有解脫之事。我們了解這樣子，無憶念故名為念佛。「無憶念故名念佛」來自《摩訶般若經》。

甚深清淨心無住　　心識處滅言說盡

常斷來去一異別　　內外無得實相中

空無所有淨無為　　婬怒癡法即實相

煩惱涅槃不可得　　諸佛眾生極平等

我們甚深清淨，心一切無住。心識處滅言說皆盡。生滅、常斷、來去、一異，這一切都無可得，這樣子才是法界現前實相之中。我們這樣了悟空無所有，一切清淨無為，婬、怒、癡法就是實相，煩惱涅槃不可得。我們次第修學到這邊，能了悟諸佛眾生極平等之相。

從空、如幻中生起大悲

無初無後無中間　　畢竟空相無罣礙

常興大悲度一切　　無可度者行眾善

　　無初無後亦無中間，畢竟空相是無罣無礙的。我們常興起大悲來廣度一切眾生，我們知道一切空，但是要常興起大悲來廣度一切眾生，如是度一切眾生，事實上無可度者，依無相而行一切眾善，即得阿耨多羅三藐三菩提。這是《金剛經》的意旨。

全佛無得能現成　　圓頓念佛本三昧

實相法界體性中　　念佛三昧誰無得

　　因為無可得的緣故，所以全佛能得到現成，剎那之間斷除一切妄相，能夠入圓頓念佛本然三昧之中。實相法界體性當中，一切眾生無可得者，一切無可得，所以即具念佛三昧。

念念無妄自實相　　現成金剛喻三昧

廣大受用海印定　　大悲出興首楞嚴

　　念念之中無有虛妄，法爾是實相，現成法界實相，就是現成不壞的金剛三昧。金剛三昧、海印三昧、首楞嚴三昧三者都是來自念佛三昧的相攝。

遊戲王海勤念佛　　實相憶念如體性
南無諸佛本寂體　　法爾圓滿實相中

在這遊戲王海裡面，我們精勤念佛，實相憶念如真如
體性一般。南無諸佛本寂體，法爾圓滿實相中。遊戲王的
大海是大法界海，我們精勤的念佛，依實相憶念，如體性
之憶念。我們現在皈命於諸佛，南無諸佛本寂之體，法爾
圓滿實相之中。

從持名念佛，散心持名，到定心持名，再觀相念佛，
從觀像、觀生身、觀應身、觀十方佛、觀三世佛、觀報身
佛，念諸佛的真實之身是念他的功德法身，再直觀法界體
性之實相，即實相念佛。

散心念佛能得念佛三昧，定心念佛也能得念佛三昧。
觀相念佛、觀生身、觀應身、觀十方佛、觀三世佛、觀報
身佛、觀功德法身佛，都能夠得到念佛三昧。觀報身佛生
起次第，無邊無量的報身，自己修觀，自己跟佛相應無二
的生起次第身，相能夠恆固不壞，這是好的。

但是再下面一步，如果從念如來之功德法身，念念都
是諸佛如來具足的不共妙法，我們的心自然而然就融入
諸佛的功德法身之中。我們念念都如同諸佛一樣來救度眾
生。念念都大悲，那麼這樣的功德是不是不可思議呢？這

樣的境界是不是不可思議呢？這樣子轉換我們的五濁惡世之心，直接變成清淨無為之心，這是今天我要跟大家講的很重要的意旨所在。

再來，我們從實相念佛中，憶念實相佛陀，直觀法爾本如來，一切全佛，這個才是我們給諸佛最大的供養，也是念佛最究竟的意旨。我們常住此心就是實相念佛之三昧。

第七章

迴向

念佛三昧大圓滿　　實相如來同寂滅

如法修證大迴向　　諸佛歡喜賜吉祥

淨土勝嚴少病惱　　眾生易度皆成佛

願佛恆念佛子眾　　圓成法界最清淨

　　念佛三昧的法先宣說到此，希望這樣的功德能得到廣大的圓滿。我們了悟實相如來，就同一寂滅。在本次的因緣中，我們如法的修證念佛三昧，現在興起廣大的迴向。這迴向當能引同諸佛歡喜賜我們成就廣大吉祥。我們期望諸佛如來淨土殊勝、莊嚴，諸佛少病少惱，眾生易度能夠都圓滿成佛。這是我們要迴向諸佛、供養諸佛的。也希望佛陀恆念我們這些佛子、這些眾生，能夠圓成法界最清淨、最圓滿、究竟。

究竟菩提咸感得　　全佛念佛實相界

法界燈明念佛心　　念佛三昧佛念我

佛力念佛三昧力　　自善根力共迴向

　　希望我們能夠證得究竟菩提，感得究竟菩提，全佛法界共同念佛，這才是真正的實相境界。我們希望法界的明燈念佛之心，讓我們修證念佛三昧。我們修證念佛三昧時，佛恆憶念我等。佛力、念佛、念佛三昧力、還有我們自己的功德力，我們這樣修行，要共同迴向。我們要迴向

什麼呢？

　　國土圓淨無災障　　眾生安樂行菩提

　　五大災難及人禍　　永銷寂滅大吉祥

　　我們希望國土圓淨，斬斷一切惡事，掃黑成功，掃白也成功，掃黃掃灰全部掃得一乾二淨，掃得很清淨。不只是清淨而已，希望人間變成淨土，國家安樂，政治清明，天災人禍永離，沒有任何災障，大家很安心學佛，修行菩提大道，成就圓滿。眾生安樂行菩提道。地、水、火、風、空五大還有人禍，永遠銷滅成就大吉祥。

　　世出世財如泉湧　　悲智菩提不退轉

　　念佛三昧念佛心　　全佛成就心念佛

　　佛佛平等無盡燈　　傳承永續示圓滿

　　不只這樣子，我們希望世間財、出世間財像泉水一樣湧出來，以前都是從虛空中雨下來，現在不只是從上面掉下來，還要從下面湧出來。慈悲和智慧的菩提永遠不退轉，能夠成就念佛三昧念佛心。眾生都成為圓滿如來，全佛成就，大家的心憶念佛陀。能成就佛佛平等無盡燈明，我們這念佛三昧的傳承永續，示現圓滿。

　　本次我們把整個念佛三昧做一個初步的總結，希望大家能夠體會念佛三昧的次第因緣，微細之處就要大家去

實證。每天行、住、坐、臥可以持名念佛。坐下來,隨佛方所可以定心念佛。念到最後感覺與佛相應,可以念應身佛。觀像佛到應身佛鞏固了,再來可念報身佛。在這過程也要常常憶念佛陀的功德法身。報身佛很明顯的現起的時候,當然必定要把佛的功德法身整個憶念清楚明白。圓現一切相,但是不住一切相。憶念諸佛十力、四無畏、十八不共法、大慈大悲、乃至百四十法等,一切諸佛的真實法身、功德法身。

相跟體有了,要了解它們原來是真空,寂滅,法界的體性就是實相寂滅。「無憶念」才是真正念佛啊。這樣體會進入實相念佛。實相念佛之後依現前法界一切現前,就是無相,就是最深的念佛了。行、住、坐、臥安住於此,隨緣隨境念佛度一切眾生。念佛三昧廣大吉祥,自心佛陀跟他佛都相融、相應、相攝。整個世間在體性寂滅的時候就是金剛喻定。在自受用大樂現起的時候,就是海印三昧,大悲現起成就首楞嚴三昧,都攝在念佛三昧當中。所以念佛三昧亦稱為王三昧,為什麼?因為念佛三昧是一切菩薩所共行,一切三昧所共攝的緣故。

現在把念佛三昧交付給大家,希望諸位都能圓滿受持,成就。

附錄

1《阿含經》中念佛 相關經文摘要

《增壹阿含經》〈十念品第二〉（節錄）

聞如是：

一時，佛在舍衛國祇樹給孤獨園。

爾時，世尊告諸比丘：「當修行一法，當廣布一法，便成神通，去眾亂想，逮沙門果，自致涅槃。云何為一法？所謂念佛。當善修行，當廣演布，便成神通，去眾亂想，逮沙門果，自致涅槃。是故，諸比丘！當修行一法，當廣布一法，如是，諸比丘，當作是學。」

爾時，諸比丘聞佛所說，歡喜奉行。

《增壹阿含經》卷42（五）

聞如是：

一時，佛在舍衛國祇樹給孤獨園。

爾時，世尊告諸比丘：「有十念廣分別修行，盡斷欲愛、色愛、無色愛、憍慢、無明。云何為十？所謂念佛、念法、念比丘僧、念戒、念施、念天、念止觀、念安般、念身、念死。是謂。比丘，有眾生修行此十念者，盡斷欲愛、色愛、無色愛，一切無明、憍慢、皆悉除盡。如是，比丘！當作是學。」

爾時，諸比丘聞佛所說，歡喜奉行。

別譯雜阿含經卷9（一八七）

如是我聞：一時，佛在舍衛國祇樹給孤獨園。

爾時，須達多長者，遇病困篤。於時世尊，聞其病甚，即於晨朝。著衣持鉢，往詣其家。

須達長者，遙見佛來，動身欲起。

佛告長者：「不須汝起。」

爾時世尊，別敷座坐。

佛告長者：「汝所患苦，為可忍不？醫療有降，不至增乎？」

長者白佛：「今所患苦，甚為難忍，所受痛苦，遂漸增長，苦痛逼切，甚可患厭。譬如力人以繩繫於弱劣者頭，撍搣撆頓，揉捼其頭，我患首疾。亦復如是。譬如

屠家以彼利刀，而開牛腹，撓攪五內，我患腹痛。亦復如是。譬如二大力士，捉彼羸瘦極患之人，向火燎炙，我患身體，煩熱苦痛，亦復如是。」

佛告長者：「汝於今者，應於佛所生不壞信，法、僧及戒，亦當如是。」

長者白言：「如佛所說，四不壞信，我亦具得。」

佛告長者：「依四不壞，爾今次應修於六念。」

汝當念佛諸功德，憶佛十號：如來、應供、正遍知、明行足、善逝、世間解、無上士、調御丈夫、天人師、佛世尊。是名念佛。

云何念法？如來所說勝妙之法，等同慶善，現在得利，及獲得證，離諸熱惱，不擇時節，能向善趣，現在開示，乃至智者自知。是名念法。

云何念僧？常當憶念僧之德行，如來聖僧，得向具足，應病授藥，正真向道，所行次第，不越限度，能隨於佛。所行之法，須陀洹果向須陀洹，斯陀含果向斯陀含，阿那含果向阿那含，阿羅漢果向阿羅漢，是名如來聲聞僧。具足戒、定、慧、解脫、解脫知見，為他所請，如是等僧，宜應敬禮合掌向之。是名念僧。

云何念戒？自念所行滿足之戒，白淨戒、不瑕戒、不

缺戒、不穿漏戒、純淨戒，無垢穢戒、不求財物戒、智者所樂戒、無可譏嫌戒。次應自念，是名念戒。

云何念施？己所行施，我得善利，應離慳貪，行於布施，心無所著，悉能放捨。若施之時，手自授與，心常樂施，無有厭倦。捨心具足，若有乞索，常為開分，是名念施。

云何念天？常當護心念六欲天，念須陀洹斯陀含，生彼六天。

須達多白佛言：「世尊！如佛所說，六念之法。我已具修。」

須達白佛：「唯願世尊，在此中食。」佛默受請。

日時既到，須達長者為於如來設眾餚饌，種種備具清淨香潔，設是供已，合掌向佛，而作是言：「世尊出世，難可值遇！」

佛為長者，種種說法，示教利喜，從座而去。

須達長者於佛去後，尋於其夜，身壞命終，得生天上，尋還佛所，須達天子，光色倍常，照于祇洹，悉皆大明，頂禮佛足，在一面坐，而說偈言：

此今猶故是　　祇洹之園林
仙聖所住處　　林池甚閑靜

法主居其中　　我今生喜樂

信戒定慧業　　正命能使淨

若能修如是　　向來之上行

非種姓財富　　能得獲斯事

智慧舍利弗　　寂然持禁戒

空處樂恬靜　　最勝無倫匹

佛告天曰：「如是如是！」

爾時世尊即說偈言：

信戒定慧業　　正念能使淨

非種姓財富　　能獲如斯事

智慧舍利弗　　寂滅能持戒

空處樂恬靜　　最上無倫匹

須達天子聞佛所說，歡喜頂禮，於座上沒，還於天宮。

雜阿含經卷33（5）（九三〇）

如是我聞

一時，佛住迦毘羅衛國尼拘律園中

爾時，釋氏摩訶男來詣佛所，稽首禮足，退坐一面，白佛言：「世尊！此迦毘羅衛國安隱豐樂，人民熾盛。我

每出入時，眾多羽從，狂象、狂人、狂乘常與是俱。我自恐與此諸狂俱生俱死，忘於念佛、念法、念比丘僧。我自思惟：『命終之時，當生何處？』」

佛告摩訶男：「莫恐，莫怖。命終之後，不生惡趣，終亦無惡。譬如大樹，順下、順注、順輸，若截根本，當墮何處？」

摩訶男白佛：「隨彼順下、順注、順輸。」

佛告摩訶男：「汝亦如是，若命終時，不生惡趣，終亦無惡。所以者何？汝已長夜修習念佛、念法、念僧，若命終時，此身若火燒，若棄塚間，風飄日曬，久成塵末，而心意識久遠長夜正信所熏，戒、施、聞、慧所熏，神識上昇，向安樂處，未來生天。」

時，摩訶男聞佛所說，歡喜隨喜，作禮而去。

2 《大方等大集經》
〈菩薩念佛三昧分〉卷第七

隋天竺三藏達磨笈多譯

讚三昧相品第九

爾時，世尊讚不空見菩薩摩訶薩言：「善哉！善哉！不空見！汝於往昔乃能供養無量無數諸佛世尊，於諸佛所種諸善根，具足修行諸波羅蜜，一切法中所作已辦，而常為彼諸眾生輩作不請友。

「為行大慈成就正信諸眾生故，請問世尊如斯大義。為被大鎧諸眾生故，請問世尊如是大義。為不動不退大菩提心諸眾生故，請問世尊如斯大義。為不壞信意諸眾生故，請問世尊如斯大義。為發弘廣大願莊嚴諸眾生故，請問世尊如斯大義。為不思議善根諸眾生故，請問世尊如斯大義。為著不思議鎧甲諸眾生故，請問世尊如斯大義。為

超越三界諸眾生故，請問世尊如斯大義。為專精實義諸眾
生故，請問世尊如斯大義。為隨順大智諸眾生故，請問世
尊如斯大義。

「為樂甚深法行諸眾生故，請問世尊如斯大義。為重
布施諸眾生故，請問世尊如斯大義。為重開示諸眾生故，
請問世尊如斯大義。為一切能捨內外身財諸眾生故，請問
世尊如斯大義。為成就最上無上戒聚諸眾生故，請問世尊
如斯大義。為深忍相應諸眾生故，請問世尊如斯大義。為
勇猛精進諸眾生故，請問世尊如斯大義。為得深禪定諸眾
生故，請問世尊如斯大義。為深重智慧諸眾生故，請問世
尊如斯大義。為以資財方便巧攝一切諸眾生故，請問世尊
如斯大義。

「又為心若金剛諸眾生故，為心如門閫不動不轉諸眾
生故，為心如淨水無有塵垢諸眾生故，為心如迦耶隣提衣
諸眾生故，為樂入深義諸眾生故，為尊重正法諸眾生故，
為捨擔能擔諸眾生故，為不惜身命諸眾生故，為不樂一切
世間有為諸眾生故，請問如來如是大義。不空見！汝於今
者能為如斯諸大菩薩摩訶薩輩，請問如來如是義耳。」

爾時，世尊復告不空見菩薩摩訶薩言：「不空見！汝
應諦聽！善思念之，吾當為汝廣分別解說。」

時彼不空見菩薩摩訶薩即白佛言：「善哉！世尊！如蒙聖說，一心諦受！」

佛言：「不空見！有菩薩三昧，名念一切佛；菩薩當應親近修習、觀察思惟如是三昧。既能修習觀察思惟此三昧已，則得增廣成就現前安樂法行故，則得增廣無貪善根故，則得增廣無瞋善根故，則得增廣無癡善根故，則得具足慚愧故，則得成就神通故，則得圓滿一切佛法故，則得清淨一切佛土故，則得天降下生具足故，則得入胎具足故，則得住胎清淨具足故，則得母生微妙清淨具足故，則得家生清淨具足故，則得諸根微妙清淨具足故，則得大人相清淨具足故，則得諸妙好清淨具足故，則得出家具足故，則得最上寂靜具足故，則得大寂靜具足故，則得諸通具足故，則得為一切眾生作歸依具足故，則得多聞具足故，則得世間出世間法具足故，則得一切諸法住處具足故，則得巧妙方便知出世法具足故，則得善通達一切諸法具足故，則得巧知前際後際法相具足故，則得善巧莊嚴文字句義具足故，則得智慧具足故，則得微妙神通具足故，則得巧轉變心具足故，則得善教示他具足故，則得為他眾生及富伽羅勝負白黑上下滿缺增損勝力具足故，則得是處非處具足故，則得未成阿耨多羅三藐三菩提趣向具足故，

則得正行具足故,則得意具足故,則得自在具足故,則得神通具足故,則得尊勝大家具足故,則得大姓具足故,則得端正具足故,則得大威具足故,則得大光明具足故,則得作諸功德具足故,得則大功德具足故,則得大人牛王具足故,則得令他歡喜音具足故,則得令他深歡喜音具故,則得微妙音具足故,則得梵音具足故,則得相應辯才具足故,則得無諍辯才具足故,則得無著辯才具足故,則得稱實辯才具足故,則得種種辯才具足故,則得一切言音辯才具足故,則得所生不離諸佛世尊而常恭敬供養具足故,則得離邊地生具足故,則得常生中國具足故,則得遍遊諸世界禮拜承事諸佛世尊諮請論義具足故,則得成就無量無邊功德具足故,則得一切菩薩功德莊嚴具足故,乃至則得菩提樹下道場莊嚴具足故。」

爾時,世尊為重宣此義,以偈頌曰:

不空見斯勝三昧,如我今住智德中,

其有菩薩能修行,彼見十方一切佛。

當即速獲諸神通,因是復觀清淨剎,

遂能下生妙具足,入胎具足亦復然。

住胎之時無有比,母最清淨勝家生,

一切相好咸具足,亦當修彼諸行法。

捨家出家離眾欲，捐棄人欲及與天，
彼為世間求菩提，所生常有諸甘露。
亦得諸通及神足，轉智圓滿彼世間，
多聞總持大德人，行行斯由多聞海。
統諸大眾義明了，巧知眾生方便學，
諸法行處皆悉知，世間之法及出世。
智人所知智具足，遠離諸業及癡惱，
有為之法盡皆捨，而常親近於無為。
常以天眼觀眾生，復用天耳聽聞法，
宿命明白知過往，他心善達前人意。
神通變化自在遊，心能巧轉隨所因，
得大名聞行佛國，能廣利益諸世間。
明達是處及非處，一切諸法靡不知，
深照淨法及垢染，以常修習勝三昧。
能得正行具足人，彼之智慧實無比，
具正思惟大威德，亦得安住正修行。
復生大家及尊姓，眾事端嚴見者喜，
彼雖處於有為中，所作功德無能壞。
所生常受大功德，往來多作人中王，
或為忉利釋天尊，時作光天及梵主。

凡所出聲悉無比，梵天妙響師子音，

諸龍美音遍行中，大功德聲牛王吼。

備於絃樂及歌聲，迦陵頻伽音精巧，

能會義理令眾歡，以獲三昧故得然。

善出精雅及好聲，多用愛言悅一切，

深婉妙音并善語，彼聲常有未曾絕。

行步舉動若龍王，普放電光照一切，

降雨滂洽於大地，是謂龍德難稱量。

如是人龍所遊處，住斯妙定勝神通，

無量無數諸化身，遍諸佛前等供養。

偈頌譬喻諸種作，言詞雅正理趣安，

彼常法樂與眾生，得是勝定故無礙。

所生不離於諸佛，亦見菩薩及聖僧，

恒居利益無難處，成就三昧照十方。

欲遍諸佛有諮論，或生無量難思剎，

現前供養一切佛，成就三昧故若斯。

如是功德不可說，超過數表絕稱量，

道樹等覺恒俱生，諸佛咨嗟唯此定。

菩薩念佛三昧分正觀品第十

爾時,不空見菩薩摩訶薩白佛言:「世尊!若諸菩薩摩訶薩欲得成就諸佛所說菩薩念佛三昧者,彼菩薩摩訶薩應當親近修習何法,能得成就思惟三昧耶?」

爾時,世尊告不空見菩薩摩訶薩言:「不空見!若諸菩薩摩訶薩欲得成就諸佛所說念佛三昧,欲得常覩一切諸佛,承事供養彼諸世尊,欲得疾成阿耨多羅三藐三菩提者,當住正念,遠離邪心,斷除我見,思惟無我。當觀是身如水聚沫,當觀是色如芭蕉虛,當觀是受如水上泡,當觀是想如熱時焰,當觀是行如空中雲,當觀是識如鏡中像。

「菩薩若欲入是三昧,當應深生怖畏之想,當念遠離譏嫌免他訶責,當念除去無慚無愧、成就慚愧,當應成就奢摩他、毘婆舍那,當應遠離斷常二邊。常念一心精勤勇猛,除去懈怠,發廣大心;常念觀察三解脫門,常念先生三種正智,常念斷滅三不善根,常念成就諸三昧聚,常念成就一切眾生,常念等為眾生說法。當觀四念處,所謂:身念處、受念處、心念處、法念處。當念四食過患,所謂:搏、觸、思、識等,於是食中生不淨想。當念四無

量,所謂:修於大慈、行於大悲、安住大喜、具足大捨。當念成就諸禪而不昧著。

「然復思惟一切諸法,常念不惜其身、不保其命、捨身及心,攝受多聞。念如是法,應如是護,不得誹謗;多聞法財,如所聞法,如義受持;於諸佛所起尊重心,又於法、僧生肅恭意;親善知識,遠離惡友;除滅世間無義語言,不著世樂,不捨空閑;住於一切生平等心,於諸眾生無有退沒,無損害心亦無妒嫉;於一切法起稱量心,不作罪惡心,無垢染,一切諸法無處可得。

「常求甚深廣大經典,於中恒起增上信心,莫生嫌疑,無為異意,如是經典最勝廣大,常念誦持,常思演說。何以故?是為諸佛世尊道法,獨能生成佛菩提故。於當來世得彼無量諸佛功德,應當為他如法宣說;降伏憍慢,莫亂正聞,恭敬尊重供養是法,捨諸欲求,息諸諍競,除諸睡眠,滅諸疑網,殄絕迷惑,明識我見,不事戲論,遠離尼乾邪命自活、遮羅迦、波梨婆闍語言論等。

「常應善住檀波羅蜜中,圓滿尸波羅蜜,常念羼提波羅蜜,不捨毘梨耶波羅蜜,遊戲禪波羅蜜,具足般若波羅蜜。棄捨身命無愛惜心,如四大性不可改變,如於地界起平等心,水、火、風界亦復如是。成就身業,心意精勤,

無不活畏，不貪衣食、湯藥、床鋪、房舍、殿堂一切眾具，樂行頭陀，常住知足，不求利養，不事名聞，凡是愛著悉滅無餘。

「觀四念處，斷四顛倒；不念惡刺，永度四流；修四如意，住四威儀。當具五根，亦增五力；應滅五蓋，不用五情；遠離五濁，成五解脫；得入五身，內自思惟廣大聖智，正觀五陰。不行六塵，降伏六根，亡滅六識，斷絕六受，除六渴愛，行六念處及六智分法，於六通中常求利益。修七覺分，通達七界^{七界謂害界、表界、出界、欲界、色界、無色界及滅界故}，滅除七使及七識住。離八怠惰，除八妄語，明了世間八法所因，應得八種大人覺法，證八解脫，修八正道。親近思惟廣大分別，專精遠離九眾生居，滅九種慢，捐棄九惱，常思九種歡喜等法，親近修習九次第定。終不念行十種惡業，而勤造作十善業道，常求如來十種力智。

「不空見！我今為汝略說如是菩薩摩訶薩念佛三昧法門諸所當得大利益事，若有菩薩摩訶薩應當修學念佛三昧，如是修者名報佛恩。思惟是者，即不退轉於阿耨多羅三藐三菩提，亦當滿足彼諸佛法，乃至能為一切眾生作大依止，亦令成就無上種智故。不空見！斯諸菩薩摩訶薩有大智故，乃能思惟非彼聲聞、辟支佛人得觀察也。

「不空見！若人於此念佛三昧，或時親近思惟修習，若受持，若讀誦，若書寫，若教他書寫，若教讀誦受持，若少開發，若為解說，若能廣宣；彼雖少時勤苦疲勞，然其所作終不虛棄，必獲果報得大義利。不空見！彼菩薩摩訶薩以為他受持法故，速得不退阿耨多羅三藐三菩提，於當來世決定作佛。不空見！當知如是念佛三昧，則為總攝一切諸法；是故非彼聲聞、緣覺二乘境界。若人暫聞說此法者，是人當來決定成佛，無有疑也。」

爾時，世尊為重宣此義，以偈頌曰：

若人欲修此三昧，能念一切諸如來，

彼既思惟是法門，諸非法處當遠離。

亦當遠離無慚愧，破除斷見及與常，

復應安住三空門，當念勤修解脫智。

既拔三種不善根，即亦思惟三善本，

若知觀察三受處，得斯妙定良非難。

若人欲求勝三昧，先應持戒後修智，

自然遠離諸邪見，亦無戲論及語言。

次第觀受斯皆苦，然後觀察生滅心，

若人思惟三昧時，當應深念出世事。

諸法有疑咸悉除，得此三昧甚為易，

亦應善通四念處，先當觀身不暫住。
恒求解脫及禪定，不愛壽命豈惜身，
弗以多聞陵侮人，寧當誹謗於正法。
聞正法已能思惟，晝夜受持身所誦，
尊重諸佛深敬法，承事僧眾不敢輕。
善知識所常念恩，遠離一切諸惡友，
不與惡人同坐起，除彼為眾說法處。
為求最上菩提故，終勿捨離阿蘭若，
一切眾生皆平等，於諸法中莫分別。
欲求彼法真實際，諸法相中無著心，
彼輕慢意悉能除，不久必得此三昧。
明識我見及疑心，亦當覺察諸調戲，
不得起於惡欲意，應滅諍競與睡眠。
若不學彼外道法，諸是戲論自然除，
但能隨順佛法言，求此三昧須臾獲。
常行布施及戒忍，勇猛精進無倦時，
恒處禪思及智慧，自然得斯三昧行。
能施頭目無愛畏，捨餘諸物終不疑，
彼趣菩提無艱難，亦速獲斯凝靜定。
若能持心如大地，又同水火及與風，

更等虛空無邊崖，彼人速得此禪定。

若有精誠身口意，彼不貪食及衣財，

其於眾具既無求，能如是修證三昧。

應常專念四正勤，亦當成彼諸神足，

速須遠離顛倒想，煩惱棘刺先斷除。

當念杜絕四流河，亦思乾消諸渴愛，

具足五根及五力，分裂破壞五蓋衣。

五種欲事不俱懷，內心幻偽亦宜捨，

復當願求五解脫，思惟五身三摩提。

應速觀知五陰處，正心和敬於六緣，

彼不恭慎應遠離，亦當減損六觸身。

於六受處心正觀，常念斷除六種愛，

復以六通成就世，亦修六念及智明。

勤求七覺七聖財，必須捨彼疑惑處，

欲得三昧恒若斯，漸當散滅諸煩惱。

彼常遠離七識住，斯八顛倒亦拔除，

若能住於八正道，自當速證此深定。

恒住八大丈夫行，復以八解自娛心，

不染八法離世間，獲最勝智當不遠。

於他人所無瞋心，先應除此九種慢，

思九歡喜根本法，得彼次第九種禪。

絕此十惡不善因，應修智人十種善，

若能修行十種力，得是三昧終無難。

當念攝持諸善法，放捨不善眾惡緣，

前後勤求彼正念，證此三昧豈能久？

若住如是三昧已，當轉智力不思議，

遍見諸佛金色身，所生常得聞正法。

若欲見彼諸世尊，或已滅度及現在，

當來一切愍世者，應思惟此勝三昧。

菩薩念佛三昧分思惟三昧品第十一之一

爾時，不空見菩薩摩訶薩白佛言：「世尊！若諸菩薩摩訶薩念欲成就諸佛所說念佛三昧者，云何思惟而得安住？」

佛告不空見菩薩言：「不空見！若諸菩薩摩訶薩必欲成就是三昧者，先當正念過去所有諸如來、應供、等正覺，次念現在所有諸如來、應供、等正覺，次念未來所有諸如來、應供、等正覺。彼如是念一切三世十方世界中，是等一切諸如來、應供、等正覺、明行足、善逝、世間解、無上士、調御丈夫、天人師、佛、世尊，天降成

就、入胎成就、出胎成就、出家成就、諸功德成就、諸根成就、諸相成就、諸好成就、莊嚴成就、戒品成就、三昧成就、智慧成就、解脫成就、解脫知見成就、四無畏慈悲成就、喜捨成就、慚愧成就、威儀成就、諸行成就、奢摩他成就、毘婆舍那成就、明解脫成就、解脫門成就、四念處成就、四正勤成就、四如意足成就、五根成就、五力成就、覺分成就、正道成就、往昔因緣成就、雙教示成就、諸通教示成就、大通教示成就、戒品成就、一切三昧成就、無礙利益成就、為他利益無礙成就、一切善法成就、清淨色成就、清淨心成就、清淨智成就、諸入成就成就、金色百福成就。

「時彼菩薩念諸如來如是相已，復應常念彼諸如來、應供、等正覺心無動亂，亦當安住無所著心。心無著已，彼復應作如是思惟：『是中何等名曰如來？為當即色是如來耶？為當離色是如來乎？若以色法為如來者，彼諸眾生皆有色陰，一切眾生應是如來；若以離色為如來者，離色則是無因緣法，無因緣法云何如來？』菩薩如是觀知色已，次復觀受，彼時更作如是思惟：『為當即受是如來耶？為當離受是如來耶？若即受法為如來者，彼諸眾生皆有受陰，一切眾生應是如來；若離受法為如來者，離受則

為無因緣法，彼無緣法云何如來？」彼既如是觀色受已，
乃至觀識亦如是。

「時復菩薩復如斯念：『若此諸陰非如來者，豈彼諸
根是如來乎？』如是念已，則先觀眼：『為當即眼是如來
耶？為當離眼是如來乎？若即彼眼是如來者，一切眾生皆
是有眼，一切眾生應是如來；若離彼眼是如來者，離眼則
為非因緣法，彼非緣法云何如來？』菩薩如是觀察眼已，
觀耳、觀鼻乃至觀意亦如是。

「時彼菩薩復如斯念：『若此諸根無如來者，豈彼諸
大有如來乎？』如是念已，則先觀地：『為即地界是如來
耶？為離地界是如來乎？若即地界為如來者，彼內外法皆
屬於地，如是地界應是如來；若離地界為如來者，離地即
為無因緣法，彼無緣法云何如來？』彼既如是觀察地界，
乃至觀彼水、火、風界亦如是。

「而彼菩薩能作如是正思惟時，不以色觀察如來，不
離色觀察如來；如是不以受、不離受、不以想、不離想，
乃至不以識、不離識，觀察如來亦如是。又彼觀時，亦不
以眼觀察如來，不離眼觀察如來；如是不以耳、不離耳，
不以鼻、不離鼻，乃至不以身意、不離身意，觀察如來亦
如是。又彼觀時，不以色觀察如來，不離色觀察如來；如

是不以色、不離色，不以聲、不離聲，乃至不以觸法、不離觸法，觀察如來亦如是。又彼觀時，不以地觀察如來，亦不離地觀察如來；如是不以水、不離水，乃至不以風、不離風，觀察如來亦如是。彼菩薩如是觀時，即能於彼一切法中，善通達知，明了無礙。

「爾時，彼菩薩復應當作如是思惟：『是中更以何等真法，而能得彼阿耨多羅三藐三菩提？為以身得菩提耶？為用心得菩提乎？若身得者，而今此身無覺無識，頑癡無知，譬如草木、若石、若壁，然彼菩提非色非身，非行非得，不可見聞，不可觸證。此身如是，云何能得成就菩提？若心得者，而即此心本自無形，無有相貌，不可見聞，不可觸證，不可執持，猶如幻化，菩提如是亦無有心，無有觸對，不可見聞，不可知證。此心如是，云何能得成就菩提？』不空見！是為菩薩正念思惟，不以身心，亦不離身心，而能證得阿耨多羅三藐三菩提耶。」

佛言：「不空見！然彼菩薩常應如是觀察思惟，若能如是觀諸法時，即得安住於正法中，心無遷變，不可移動，當知爾時具足菩薩摩訶薩法，自然遠離不善思惟。速疾成就阿耨多羅三藐三菩提，正覺平等真實法界。」

爾時，世尊為重明此義，以偈頌曰：

過去未來諸世尊，現在一切遍見者，
冥心空寂行慈愛，欲睹諸佛無艱難。
往昔諸佛大威光，憐愍世間等與樂，
彼念人中分陀利，調御丈夫功德滿。
更念下生及入胎，住胎尊母皆具足，
思彼生家眾妙相，當見等覺弗為難。
亦念諸好勝莊嚴，及彼本願先所行，
微言妙義初中後，彼皆善逝解脫身。
住解脫門及供養，正勤與彼四神足，
應念諸根具滿者，力菩提分亦復然。
若念諸佛解脫尊，不久當到勝寂地，
一切世間利益念，善法功德難思量。
妙色及與清淨心，復思世尊眾好分，
金剛身體百福相，當知如來諸念滿。
何得法中名如來？正當觀察無邊處，
諸佛非色復非受，非彼想行非識心。
如是等法非如來，正見智人亦應體，
亦非離彼是諸佛，應供善逝但有名。
諸佛非眼非耳鼻，非舌身意及法等，
亦非離彼為如來，正覺莊嚴惟名耳。

唯有大名無真佛，離名何處有實者？

智人若知盡和合，當取等覺實非難。

若以諸陰為如來，彼諸眾生皆有陰，

眾生即應是諸佛，以陰平等斯共有。

不以色等為諸佛，亦不離陰名如來，

無量數劫正思惟，不思議智乃成就。

身如草木及石壁，菩提無色寂無生，

亦無頑身及草木，云何說身證菩提？

是心無相復無形，菩提非心亦無狀，

非身非心能得證，亦非無證難思議。

是為最勝寂靜地，外道於中皆荒迷，

若於此法求正勤，必當速得是三昧。

3《坐禪三昧經》
卷上〈第五、治等分法門〉（節錄）

　　第五法門治等分行，及重罪人求索佛，如是人等當教
一心念佛三昧。念佛三昧有三種人，或初習行、或已習
行、或久習行。若初習行人，將至佛像所，或教令自往
諦觀佛像相好，相相明了，一心取持還至靜處，心眼觀
佛像令意不轉，繫令在像不令他念，他念攝之令常在像。
若心不住，師當教言：「汝當責心：由汝受罪不可稱計，
無際生死種種苦惱無不更受。若在地獄，吞飲洋銅，食燒
鐵丸；若在畜生，食糞噉草；若在餓鬼，受飢餓苦；若在
人中，貧窮困厄；若在天上，失欲憂惱。常隨汝故，令我
受此種種身惱、心惱、無量苦惱。今當制汝，汝當隨我，
我今繫汝一處，我終不復為汝所困，更受苦毒也。汝常困
我，我今要當以事困汝。如是不已，心不散亂。是時便得
心眼見佛像相光明，如眼所見無有異也。」如是心住，是
名初習行者思惟。

是時當更念言：「是誰像相？則是過去釋迦牟尼佛像相，如我今見佛形像，像亦不來，我亦不往。」如是心想見過去佛。初降神時震動天地，有三十二相大人相：一者、足下安平立，二者、足下千輻輪，三者、指長好，四者、足跟廣，五者、手足指合縵網，六者、足趺高平好，七者、伊尼延鹿䏶，八者、平住手過膝，九者、陰馬藏相，十者、尼俱盧陀身，十一者、一一孔一一毛生，十二者、毛生上向而右旋，十三者、身色勝上金，十四者、身光面一丈，十五者、皮薄好，十六者、七處滿，十七者、兩腋下平好，十八者、上身如師子，十九者、身大好端直，二十者、肩圓好，二十一者、四十齒，二十二者、齒白齊密等而根深，二十三者、四牙白而大，二十四者、頰方如師子，二十五者、味中得上味，二十六者、舌大廣長而薄，二十七者、梵音深遠，二十八者、迦蘭頻伽聲，二十九者、眼紺青色，三十者、眼睫如牛王，三十一者、頂髮肉骨成，三十二者、眉間白毛長好右旋。

復次，八十種小相：一者、無見頂；二者、鼻直高好孔不現；三者、眉如初生月紺琉璃色；四者、耳好；五者、身如那羅延；六者、骨際如鉤鎖；七者、身一時迴如象王；八者、行時足去地四寸而印文現；九者、爪如赤銅

色薄而潤澤；十者、膝圓好；十一者、身淨潔；十二者、身柔軟；十三者、身不曲；十四者、指長圓纖；十五者、指紋如畫雜色莊嚴；十六者、脈深不現；十七者、踝深不現；十八者、身潤光澤；十九者、身自持不委陀；二十者、身滿足_{謂受胎三月生}；二十一者、容儀備足；二十二者、住處安_{如牛王立不動}；二十三者、威振一切；二十四者、一切樂觀；二十五者、面不長；二十六者、正容貌不撓色；二十七者、脣如頻婆果色；二十八者、面圓滿；二十九者、響聲深；三十者、臍圓深不出；三十一者、毛處處右旋；三十二者、手足滿；三十三者、手足如意_{舊言內外握者是}；三十四者、手足文明直；三十五者、手文長；三十六者、手文不斷；三十七者、一切惡心眾生見者皆得和悅色；三十八者、面廣姝；三十九者、面如月；四十者、眾生見者不怖不懼；四十一者、毛孔出香風；四十二者、口出香氣，眾生遇者樂法七日；四十三者、儀容如師子；四十四者、進止如象王；四十五者、行法如鵝王；四十六者、頭如磨陀羅果_{此果不圓不長}；四十七者、聲分滿足_{譬有六十種分，佛皆具足}；四十八者、牙利；四十九者、_{無漢名，故不得出也}；五十者、舌大而赤；五十一者、舌薄；五十二者、毛純紅色，色淨潔；五十三者、廣長眼；五十四者、孔門滿_{九孔門相具足滿}；五十五者、手足赤白如蓮華

色；五十六者、腹不見不出；五十七者、不凸腹；五十八者、不動身；五十九者、身重；六十者、大身；六十一者、身長；六十二者、手足滿淨；六十三者、四邊遍大光，光明自照而行；六十四者、等視眾生；六十五者、不著教化，不貪弟子；六十六者、隨眾聲滿不減不過；六十七者、隨眾音聲而為說法；六十八者、語言無礙；六十九者、次第相續說法；七十者、一切眾生目不能諦視相知盡；七十一者、視無厭足；七十二者、髮長好；七十三者、髮好；七十四者、髮不亂；七十五者、髮不破；七十六者、髮柔軟；七十七者、髮青毗琉璃色；七十八者、髮絞上；七十九者、髮不稀；八十者、胸有德字，手足有吉字。

光明徹照無量世界，初生行七步發口演要言，出家勤苦行，菩提樹下降伏魔軍，後夜初明成等正覺，光相分明遠照十方靡不周遍，諸天空中弦歌供養散華雨香，一切眾生咸敬無量。獨步三界，還顧轉身如象王迴，觀視道樹，初轉法輪天人得悟，以道自證得至涅槃。佛身如是感發無量，專心念佛不令外念，外念諸緣攝之令還，如是不亂，是時便得見一佛、二佛乃至十方無量世界諸佛色身，以心想故皆得見之。既得見佛又聞說法言，或自請問，佛為說

法解諸疑網，既得佛念，當復念佛功德法身、無量大慧、無崖底智、不可計德，多陀阿伽度<small>多陀，秦言如；阿伽度，言解，亦言實語，又言諸餘聖人安隱道來，佛如是來，復次，更不來後有中也</small>、阿犁<small>鲁迷反</small>呵<small>阿犁，秦言賊；呵，言殺。佛以忍辱為鎧、精進為堅、禪定為弓、智慧為箭，殺憍慢等賊，故名殺賊</small>、三藐<small>無灼反</small>三佛陀<small>三藐，秦言真實；三佛陀，言一切覺、覺苦因，習涅槃，因道正解，見四實不可轉，了盡無餘，故言真實覺一切</small>、鞞伽<small>除夜反</small>遮羅那<small>鞞伽，秦言明；遮羅那言善行。明三明也，行清淨之行，以之獨成無師大覺，故言善行也</small>、三般那<small>秦言滿成</small>、宿伽陀<small>秦言善解，亦名善自得；又言善說無患</small>、路伽憊<small>皮拜反，路伽，秦言智。智者知世，因知盡道，故名世智。世智知世也</small>、阿耨多羅<small>秦言無上善法。聖智示導，一切大德無量梵魔眾聖莫有及者，何況能過。佛尊德大故言無上</small>、富樓沙曇藐<small>富樓沙，秦言大丈夫。曇藐，秦言可言可化。丈夫調御師佛，以大慈大悲大智故，有時軟、有時苦切語，或以親教，以此調御，令不失道，故名佛為可化丈夫，調御師法也</small>、舍<small>餘音多都餓反</small>提婆魔㝹舍喃<small>奴甘反，秦言天人師，盡能解脫一切人煩惱，常住不退上法</small>、佛婆伽婆<small>過去來現在行不行，知行盡了了知，故名佛。婆伽婆，言有大名聲。復次，婆名女根；婆名吐。永棄女根，故女根吐也</small>。

爾時，復念二佛神德，三、四、五佛，乃至無量盡虛空界，皆悉如是。復還見一佛，能見一佛作十方佛，能見十方佛作一佛，能令一色作金、銀、水精、毗琉璃色，隨人意樂悉令見之。爾時惟觀二事：虛空佛身及佛功德，更無異念。心得自在，意不馳散，是時得成念佛三昧。若心馳散念在五塵，若在六覺者，當自勗勉剋勵其心，強制伏之。如是思惟人身難得，佛法難遇，故曰眾明日為最，諸智佛為最。所以者何？佛興大悲常為一切故，頭目髓腦救濟眾生，何可放心不專念佛而孤負重恩？若佛不出世，則無人道、天道、涅槃之道。若人香華供養，以骨肉血髓起塔供養，未若行人以法供養，得至涅槃，雖然猶負佛恩。

設當念佛空無所獲，猶應勤心專念不忘以報佛恩，何況念佛得諸三昧智慧成佛，而不專念？是故行者常當專心令意不散，既得見佛請質所疑，是名念佛三昧，除滅等分及餘重罪。

4《禪祕要法經》卷上（節錄）

佛告阿難：「此想成已，復當更教繫念住意，諦觀右腳大指兩節間，令節相離如三指許，作白光想持用支柱，若夜坐時作月光想，若晝坐時作日光想，連持諸骨莫令解散。從足至頭三百六十三解，皆令相離如三指許，以白光持不令散落，晝日坐時以日光持，若夜坐時以月光持，觀諸節間皆令白光出。得此觀時，當自然於日光中見一丈六佛，圓光一尋，左右上下亦各一尋，軀體金色，舉身光明炎赤端嚴，三十二相、八十種好皆悉炳然，一一相好分明得見，如佛在世等無有異。若見此時慎莫作禮，但當安意諦觀諸法，當作是念：『佛說諸法無來無去，一切性相皆亦空寂。諸佛如來是解脫身，解脫身者則是真如，真如法中無見無得。』作此想時，自然當見一切諸佛，以見佛故，心意泰然恬怕快樂。」

佛告阿難：「汝今諦觀是流光白骨，慎莫忘失！」

爾時，阿難聞佛所說，歡喜奉行。得此觀者，名第十一白骨流光觀竟。

5 《思惟略要法》（節錄）

　　佛為法王，能令人得種種善法，是故習禪之人先當念佛。念佛者，令無量劫重罪微薄，得至禪定，至心念佛，佛亦念之。如人為王所念，怨家債主不敢侵近，念佛之人諸餘惡法不來擾亂，若念佛者佛常在也。云何憶念？人之自信無過於眼，當觀好像便如真佛。先從肉髻、眉間白毫下至於足，從足復至肉髻，如是相相諦取還於靜處，閉目思惟繫心在像，不令他念，若念餘緣攝之令還，心目觀察如意得見，是為得觀像定。當作是念：「我亦不往，像亦不來，而得見者，由心定想住也。」然後進觀生身便得見之，如對面無異也。

　　人之馳散多緣惡法，當如乳母伺視其子，莫令墜於坑井險道，念則如子，行者如母。若心不住當自責心，念老病死甚為切近。若生天者著於妙欲，無有治心善法；若墮三惡道，苦惱怖懅善心不生。今受妙法，云何可不至心專

念耶？又作念言：「生在末法，末法垂已欲滅，猶如赦鼓開門放囚，鼓音漸已欲止，門扉已閉一扇，豈可自寬不求出獄？過去無始世界已來，所更生死苦惱萬端，今所受法未得成就，無常死賊須臾叵保，當復更受無央數劫生死之苦。」如是種種鞭心令心得住。心住相者，坐臥行步常得見佛，然後更進生身法身，得初觀已展轉則易。

生身觀法

生身觀者，既已觀像心想成就，斂意入定即便得見，當因於像以念生身。觀佛坐於菩提樹下，光明顯照相好奇特，或如鹿野苑中坐為五比丘說四諦法時，或如耆闍崛山放大光明為諸大眾說般若時，如是隨用一處，繫念在緣不令外散。心想得住即便見佛，舉身快樂樂徹骨髓，譬如熱得涼地，寒得溫室，世間之樂無以為喻也。

法身觀法

法身觀者，已於空中見佛生身，當因生身觀內法身十力、四無所畏、大慈大悲、無量善樂，如人先念金瓶，後觀瓶內摩尼寶珠。所以尊妙神智無比，無遠無近無難無易，無限世界悉如目前，無有一人在於外者，一切諸法無

所不了，常當專念不令心散，心念餘緣攝之令還。復次，一切愚智當其死時，外失諸根如投黑坑，若能發聲，聲至梵天，大力、大苦、大怖、大畏無過死賊，唯佛一人力能救拔，能與種種人天涅槃之樂。

復次，一切諸佛世世常為一切眾生故不惜身命，如釋迦牟尼佛昔為太子時，出遊道見癩人，勅醫令治，醫言：「當須不瞋人血飲之，以髓塗之，乃可得差。」太子念言：「是人難得，設使有者復不可爾。」即便以身與之令治，若為一切眾生亦復如是。佛恩深重過於父母，若使一切眾生悉為父母，佛為一分，二分之中常當念佛，不應餘念。如是種種功德隨念何事，若此定成，除斷結縛乃至可得無生法忍。若於中間諸病起者，隨病習藥。若不得定，六欲天中豪尊第一，飛行所至宮殿自隨，或生諸佛前終不空也；若人藥和赤銅，若不成金，不失銀也。

十方諸佛觀法

念十方諸佛者，坐觀東方廓然明淨，無諸山河石壁，唯見一佛結跏趺坐舉手說法。心眼觀察光明相好晝然了了，繫念在佛不令他緣，心若餘緣攝之令還。如是見者更增十佛，既見之後復增百千，乃至無有邊際，近身則

狹，**轉遠轉廣**，但見諸佛光光相接。心眼觀察得如是者，迴身東南復如上觀，既得成就，南方、西南方、西方、西北方、北方、東北方、上下方都亦如是。既得方方皆見諸佛如東方已，當復端坐總觀十方諸佛，一念所緣，周匝得見。定心成就者，即於定中十方諸佛皆為說法，疑網雲消得無生忍。若宿罪因緣不見諸佛者，當一日一夜六時懺悔隨喜勸請，漸自得見，縱使諸佛不為說法，是時心得快樂身體安隱。是則名為**觀十方諸佛**也。

觀無量壽佛法

觀無量壽佛者，有二種人。鈍根者，先當教令心眼觀察額上一寸，除却皮肉但見赤骨，繫念在緣不令他念，心苦餘緣攝之令還。得如是見者，當復教令變此赤骨辟方一寸令白如珂。既得如是見者，當復教令自變其身皆作白骨，無有皮肉色如珂雪。復得如是見，當更教令變此骨身使作琉璃，光色清淨視表徹裡。既得如是見者，當復教令從此琉璃身中放白光明，自近及遠遍滿閻浮，唯見光明不見諸物，還攝光明入於身中，既入之後復放如初。凡此諸觀從易及難，其白亦應初少後多。既能如是，當從身中放此白光，乃於光中**觀無量壽佛**。無量壽佛其身姝大光明亦

妙,西向端坐相相諦取,然後總觀其身結跏趺坐,顏容巍巍如紫金山,繫念在佛不令他緣,心若餘緣攝之令還,常如與佛對坐不異,如是不久便可得見。若利根者,但當先作明想晃然空淨,乃於明中觀佛便可得見。行者若欲生於無量壽佛國者,當作如是觀無量壽佛也。

諸法實相觀法

諸法實相觀者,當知諸法從因緣生,因緣生故不得自在,不自在故畢竟空相,但有假名無有實者。若法實有不應說無,先有今無是名為斷,不常不斷亦不有無,心識處滅言說亦盡,是名甚深清淨觀也。又觀婬、怒、癡法即是實相,何以故?是法不在內、不在外。若在內,不應待外因緣生;若在外則無所住,若無所住亦無生滅,空無所有清淨無為,是名婬怒癡實相觀也。又一切諸法畢竟清淨,非諸佛賢聖所能令爾,但以凡夫未得慧觀,見諸虛妄之法有種種相,得實相者觀之如鏡中像,但誑人眼,其實不生亦無有滅。

如是觀法甚深微妙,行者若能精心思惟深靜實相不生邪者,即便可得無生法忍。此法難緣心多馳散,若不馳散或復縮沒,常應清淨其心了了觀察,若心難攝當呵責心:「汝無數劫來常應雜業無有厭足,馳逐世樂不覺為苦,一

切世間貪樂致患，隨業因緣受生五道，皆心所為，誰使爾者？汝如狂象蹈籍殘害無有物制，誰調汝者？若得善調則離世患。當知處胎不淨苦厄，逼迮切身猶如地獄，既生在世，老病死苦、憂悲萬端不得自在。若生天上當復墮落，三界無安，汝何以樂者？」如是種種呵責其心已，還念本緣。心想住者心得柔軟，見有種種色光從身而出，是名諸法實相觀也。

欲生無量壽佛國者，應當如是上觀無量壽佛，又觀諸法實相，又當觀於世間如夢如幻皆無實者，但以顛倒虛妄之法，橫起煩惱受諸罪報，如人見諸小兒共諍瓦石土木便生瞋鬥。觀諸世間亦復如是，當興大悲誓度一切，常伏其心修行二忍，所謂眾生忍、法忍也。眾生忍者，若恒河沙等眾生種種加惡，心不瞋恚，種種恭敬供養，心不歡喜；又觀眾生無初、無後，若有初者則無因緣，若有因緣是則無初，若無初者中後亦無，如是觀時不墮常斷二邊，用安隱道觀諸眾生不生邪見，是名眾生忍。法忍者，當觀諸法甚深清淨畢竟空相，心無罣礙能忍是事，是名法忍。所發意者雖未得是法忍，當如是修習其心。又觀諸法畢竟空相，而於眾生常興大悲，所有善本盡以迴向，願生無量壽佛國，便得往生。

6 《瑜伽師地論》卷49

本地分中菩薩地第十五・第三持究竟瑜伽處建立品第五之一（節錄）

又薄伽梵由所化力，為眾宣說造種種業感得如是相隨好果。何以故？所化有情於其種種惡業現行深生喜樂，如是種種現行惡業是所對治，感相隨好，種種善業是能對治。彼聞如是種種殊勝大果勝利，便於如是大果勝利深生愛樂，由是因緣當離諸惡，當修諸善，是故為說廣如諸相素呾纜說。

謂諸菩薩於戒禁忍及惠捨中善安住故，感得足下善安住相，於其父母種種供養，於諸有情諸苦惱事種種救護。由往來等動轉業故，感得足下千輻輪相，於他有情遠離損害及不與取。於諸尊長先語省問，恭敬禮拜，合掌起迎，修和敬業。於他有情深心所喜所愛財位不令乏短，及能摧伏自憍慢故，感大丈夫纖長指相。即上所說感三相業，總

能感得足跟趺長，是前三相所依止故。

　　由四攝事攝諸尊長，是故感得手足網縵。奉施尊長，塗身按摩，沐浴衣服，是故感得手足細軟。修諸善法不生喜足，令諸善法展轉增長，是故感得立手摩膝，自於正法，如實攝受，令得究竟，廣為他說及正為他善作給使，是故感得瑿泥耶踹。於其正法漸次等顯，續索轉故，於身、語、意種種惡業皆能止息，於疾病者卑屈瞻侍、給施良藥，病力羸頓能正策舉，飲食知量於諸欲中曾不低下，是故感得身不僂曲。

　　於被他擯無依有情，以法以正，慈悲攝受，修習慚愧施他衣服，是故感得勢峯藏密。於身、語、意能自防禁，於自攝受及諸飲食皆善知量，施病醫藥，於不平等事業攝受，及不平等所受用中皆不隨轉，於界互違，能令隨順。是故感得身相圓滿如諸瞿陀，由業感得立手摩膝，即能感得身毛上分。自善觀察親近明智能思微義，尊所居處能淨修治，敷舉沐浴，唯一住故，依一支故，入微義故。草葉等穢能濁除故，又能除去客塵垢故，感身毛孔一一毛生，如紺青色螺文右旋。

　　能施悅意發喜飲食騎乘、衣服莊嚴具等資身什物，離諸忿恚，是故感得身皮金色常光一尋，由此業感身諸毛孔

一一毛生，當知即此復能感得身皮細滑塵垢不著，以其廣多上妙清淨肴饌飲食，惠施大眾皆令充足，由此感得於其身上七處皆滿。於諸有情隨所生起，如法所作能為上首而作助伴，離於我慢無諸獷悷，能為有情遮止無利、安立有利，由此感得其身上半如師子王。於一切事裏性勇決如師子故，即由此業當知復感肩善圓滿髆間充實，由此業感纖長指相，復即感得身分洪直。

遠離一切破壞親友離間語言，若諸有情已乖離者能令和合，由此感得具四十齒皆悉齊平其齒無隙。修欲界慈思惟法義，由此感得其齒鮮白。若諸有情有所悕冀，隨其所樂正捨珍財，由此感得頷如師子。視諸有情猶如己子，愛念救護淨信哀愍，給施醫藥澄淨無穢，由此感得於諸味中得最上味。施法味故嘗法味故，能淨修治變壞味故，於離殺等五種學處能自受護，亦勸他受修悲心故，於大法受能正行故，由此感得其頂上現烏瑟膩沙其舌廣薄普覆面輪。常修諦語、愛語、時語及以法語，由是因緣得大梵音，言詞哀雅，能悅眾意，譬若羯羅頻迦之音，其聲雷震猶如天鼓。普於世間恒常修習慈心，悲哀如父如母，由此感得其目紺青睫如牛王。於有德者如實讚歎稱揚其美，由此感得眉間毫相其色光白螺文右旋。

　　如是一切三十二種大丈夫相無有差別，當知皆用淨戒為因而能感得。何以故？若諸菩薩毀犯淨戒。尚不能得下賤人身，何況能感大丈夫相！當知此中其頂上現烏瑟膩沙，及以如來無見頂相，合立一種大丈夫相。離此更無別可得故，如是且說能感相似三十二相種種業因，廣建立已。

全佛文化事業有限公司----出版目錄

產　品　目　錄	定價	備註
<佛經修持法>		
1.如何修持心經	$200	
2.如何修持金剛經	$260	
3.如何修持阿彌陀經	$200	
4.如何修持藥師經（附CD）	$280	
5.如何修持大悲心陀羅尼經	$220	
6.如何修持阿閦佛國經	$200	
7.如何修持華嚴經	$290	
8.如何修持圓覺經	$220	
9.如何修持法華經	$220	
10.如何修持楞嚴經	$200	
<蓮花生大士全傳>　$1880/套		
第一部　蓮花王	$320	
第二部　師子吼聲	$320	
第三部　桑耶大師	$320	
第四部　廣大圓滿	$320	
第五部　無死虹身	$320	
蓮花生大士祈請文集	$280	
<佛教小百科>		
1.佛菩薩的圖像解說(一)	$320	
2.佛菩薩的圖像解說(二)	$280	
3.密教曼荼羅圖典(一)---總論、別尊、西藏	$240	
4.密教曼荼羅圖典(二)----胎藏界(上)	$300	
5.密教曼荼羅圖典(二)----胎藏界(中)	$350	
6.密教曼荼羅圖典(二)----胎藏界(下)	$420	
7.密教曼荼羅圖典(三)----金剛界(上)	$260	
8.密教曼荼羅圖典(三)----金剛界(下)	$260	
9.佛教的真言咒語	$330	

10.天龍八部	$350	
11.觀音寶典	$320	
12.財寶本尊與財神	$350	
13.消災增福本尊	$320	
14.長壽延命本尊	$280	
15.智慧才辯本尊（附CD）	$290	
16.令具威德懷愛本尊	$280	
17.佛教的手印	$290	
18.密教的修法手印(上)	$350	
19.密教的修法手印(下)	$390	
20.簡易學梵字‐‐基礎篇（附CD）	$250	
21.簡易學梵字‐‐進階篇（附CD）	$300	
22.佛教的法器	$290	
23.佛教的持物	$330	
24.佛教的塔婆	$290	
25.中國的佛塔(上)‐‐中國歷代佛塔	$240	
26.中國的佛塔(下)‐‐中國著名佛塔	$240	
27.西藏著名的寺院與佛塔	$330	
28.佛教的動物(上)	$220	
29.佛教的動物(下)	$220	
30.佛教的植物(上)	$220	
31.佛教的植物(下)	$220	
32.佛教的蓮花	$260	
33.佛教的香與香器	$280	
34.佛教的神通	$290	
35.神通的原理與修持	$280	
36.神通感應錄	$250	
37.佛教的念珠	$220	
38.佛教的宗派	$295	
39.佛教的重要經典	$290	
40.佛教的重要名詞解說	$380	
41.佛教的節慶	$260	
42.佛教的護法神	$320	
43.佛教的宇宙觀	$260	

<輕鬆學佛法>		
1.遇見佛陀	$200	
2.如何成為佛陀的學生－皈依與受戒	$200	
<女性佛教佛經系列>		
1.華嚴經中的女性成就者	$480	
<密宗叢書>		
1.密宗修行要旨	$430	
2.密宗的源流	$240	
3.密宗成佛心要	$240	
4.密法總持　　　　　　　　（精裝）	$450	
<密教叢書>		
1.大圓滿傳承源流--藍寶石（上、下一套）	$1300	
<藏傳佛教叢書>		
西藏(上)	$360	
西藏(下)	$450	
1.章嘉國師--若必多吉傳(上)	$260	
2.章嘉國師--若必多吉傳(下)	$260	
3.紅史	$360	
4.蒙古佛教史	$260	
<洪老師禪坐教室>		
1.靜坐	$200	
2.放鬆（附導引CD）	$250	
3.妙定功（附導引CD）	$260	
4.妙定功VCD	$295	
5.睡夢（附導引CD）	$240	
6.沒有敵者（附導引CD）	$280	
7.夢瑜伽（附導引CD）	$260	
8.如何培養定力	$200	
<禪生活>		
1.坐禪的原理與方法	$280	
2.以禪養生	$250	

3.內觀禪法—生活中的禪道	$290	
4.禪宗的傳承與參禪方法	$260	
5.禪的開悟境界	$240	
6.禪宗奇才的千古絕唱	$260	
7.禪師的生死藝術	$240	
8.禪師的開悟故事	$260	
9.女禪師的開悟故事（上）	$260	
10.女禪師的開悟故事（下）	$260	
11.以禪療心	$280	
<高階禪觀心要>		
普賢法身之旅—2004年美東弘法記行	$450	
禪觀秘要—高階禪觀心要總集　　　軟皮精裝	$700	
禪觀秘要—高階禪觀心要總集　　　精裝	$850	
禪師的手段	$280	
通明禪禪觀	$200	
十種遍一切處禪觀	$280	
四諦十六行禪觀	$350	
大悲如幻三昧禪觀	$380	
三三昧禪觀	$260	
圓覺二十五輪三昧禪觀	$400	
<隨身佛典> (50開本，附盒裝)		
1.華嚴經（1～10冊）一套	$1,600	
2.中阿含經（1～8冊）	$1,200	
3.雜阿含經（1～7冊）	$1,200	
4.增一阿含經（1～7冊）	$1,050	
5.長阿含經（1～4冊）	$600	
6.《阿含經》全部四套	$4,050	

全套購書85折　單冊購書9折（郵購請加掛號郵資60元）
全佛文化事業有限公司　　　台北市松江路69巷10號5樓
Buddhall Cultural Enterprise Co.,LTD.
TEL:(02)2508-1731　FAX:(02)2508-1733
郵政劃撥帳號:19203747　全佛文化事業有限公司

高階禪觀心要 2

念佛三昧——迅速匯集諸佛功德的法門

作　　者／洪啟嵩

發 行 人／黃紫婕

編　　輯／蕭婉甄

美術設計／吳霈媜

出 版 者／全佛文化事業有限公司

　　　　　台北市松江路 69 巷 10 號 5 樓

永久信箱／台北郵政 26-341 號信箱

　　　　　電話／(02) 2508-1731　傳真／(02) 2508-1733

　　　　　郵政劃撥／19203747　全佛文化事業有限公司

　　　　　E-mail／buddhall@ms7.hinet.net

　　　　　網站：http://www.buddhall.com

行銷代理／紅螞蟻圖書有限公司

　　　　　台北市內湖區舊宗路 2 段 121 巷 28 之 32 號4樓(富頂科技大樓)

　　　　　電話／(02) 2795-3656　傳真／(02) 2795-4100

初　　版／2006 年 6 月

定價新臺幣　290 元